講談社文庫

星占い的思考

石井ゆかり

JN259209

講談社

目次

はじめに ―― 象徴と運命、文学と星占い。

〝ハサンが街を散策して、剣舞の踊り手や蛇使いたちが集まるズウェイラ門までやってきたとき、ひとりの星占い師が呼びかけました。「お若い人！ 未来を知りたくないかね？」

ハサンは笑って、「もう知ってるよ」と答えました。〟

（テッド・チャン著 大森望訳「商人と錬金術師の門」『息吹』早川書房）


古今の文学作品には、たくさんの「占い師」が登場する。古くはギリシャ神話のテイレシアースやカルカース、『マクベス』やパウロ・コエーリョ『アルケミスト』のように、占いや予言をする人物が物語のキーパーソンとなるケースも多い。先日読んだミラン・クンデラ『不滅』では、星占いのしくみが結構詳しく解説されていて驚いた。あの『赤毛のアン』にも、小鳥を使う占い師が登場する。引用の『息吹』も初っ端から占い師登場である。

本書は「群像」に2年にわたって連載した占いの記事を中心として構成されている。

当初は、「群像」に星占いが掲載されている！と、微かにざわつく向きもあったようだ。占いは、社会的に「アリか、ナシか」と言えば、「ナシ」である。しかし、世の中的には「ナシ」のものでも、現実に厳然と存在するものはたくさんある。煙草も悪党も理不尽も神秘も、占い師も、フィクションではちゃんと「場所を得る」。そこに、世間的な事実以上の、現実的真実が生じる。あくまで真面目で正しい人たちが、「ナシだけどある」イコール「都合の悪い現実」と向き合うには、フィクションという枠組みが必要だ。「自分は関係ないけれど、そういう人たちも世の中には、いる（らしい）」というわけだ。

星占いは、天気予報と少し似ている。天気予報ではまず、天気図を示し、全体としての気圧配置や雲の動きなどを解説する。そしてそのあとで、「各地の空模様」を示していく。

星占いも基本的には、そんなしくみになっている。私たちは同じ星のもとに生きている。星占いの「星」は時計のようなもので、空の12星座（黄道12宮）が時計の文字盤、太陽系の星々（太陽、月、惑星など）が時計の針である。この大きな一枚の時計のもとに、地球全体の人間が暮らしている。これが、天気予報でいう天気図にあたる。「西高東低冬型の気圧配置で、寒くなる」というようなイメージで、「今は山羊座に4星がぎゅっと集まっていて、いつになくナショナリズムや全体主義が強まり、権力者達の動向が注目を集めている」などと言う。そこから「各地のお天気」の個別解説に移るのと同様に、「各星座生まれ」のコメントに分かれていく。実はこの「各星座生まれ」の割り当ても「都道府県」程度には大雑把なものだが、ここではひとまずおく。

私たちは当たり前のように、小説の中で「占い師」に出会う。『息吹』では、運命を変えられるのかどうか、人の自由意志は有効か、というテーマがひっくりかえしひっくりかえし、あぶり餅のように焼かれている。占い師が古来連綿とあびせられてきた議論の最新版だ。「自由意志」は「自己責任」とリンクしていてとても倫理的だが、「運命は変えられない」というある意味プリミティブな決定論的人生観は、人間を不思議な形で救ってきた。

星占いは「統計学」ではなく、象徴の世界である。したがって、人間の脳みその「ごまかされやすさ」と同程度に、インチキである可能性が高い。「統計学」は歴としたサイエンスだが、少なくとも今のところは、星占いに科学的な裏付けはない。歴史的には、アカデミックな統計学を身につけた研究者が、星占いのデータを統計的に分析し、その正当性を示そうと試みたこともあった（たとえばあの、物理学者パウリもだ！）。また、現在もそうした試みは続けられている。しかし今のところ、統計学的に有意な結果が得られ、それが科学的定説となっている、という状況にはない。昔も今もかわることなく星占いは、人間理性を生きようとする人々からの批判の的である。「怪しい占い師」の「怪しい」は、いつも占い師の枕詞なのだ。

私自身、「ライター」を名乗っていても、世間的にはおそらく「怪しい占い師」と見なされている。占い師はまじめな世の中の外側に排除されているが、同時に、大衆の生活のすぐそばにいつづける。人間は少なくともまだ、象徴でできた世界に棲み、運命を生きることをやめられないからだ。

そして文学は、象徴と運命の世界である。象徴と運命から離脱しようとする文学作品もあるだろうが、それすらも、重力と戦って大気圏に出ようとする程度には、重力をテーマとせざるを得ない。ゆえに、文学の世界観を「星占い語」で解釈し直すことは比較的容易だ。問題なのは、「星占い」同様この「解釈」にも、普遍的根拠がないことである。言わば私の「お気持ち」でしかない。とはいえそれは、ごくふつうの文学作品の読みかただとも言える。

一般的には、星占いは「人の性格や生活を12パターンに分けるもの」と捉えられている。でも、実際の星占いはむしろ「単純なステレオタイプに押し込まれそうになる事物を、象徴のしくみをつかって解体し、ふくらませ、再構築する」ための道具なのだ。更に言えばこの「ふくらませ、再構築する」作業は、人生の中で何度も何度もくり返し、試みることができる。まさに、何度も読み返してはその印象が変化する、優れた文学作品にも似ているのだ。

本書でやっていることは、つまり、私なりに接した文学作品を星占いで実験的（?）に読み直すことによって、占いの言葉の新しい広がりを発見しよう、という試みである。「試み」なので、大失敗している可能性もある。こんなへんてこな本を誰が買うのだろう、文学を愛好する人も、星占いを愛好する人も、興味を持ちようがないのではないか。そう考え、訴えもしたのだが、編集部のご厚意により、まとめさせていただくことができた。本書を手に取られているあなたは、誠に奇特な方である。お前に言われたくない、とお思いになるかもしれないが。

星占いの世界で使われる言葉は、それが生活や人生と直結しているがゆえに、どうしてもある種の制約を受ける。たとえば、不吉な言葉や陰鬱な言葉、過激な言葉はなかなか用いることができない。しかし、文学というフレームワークを用いれば、星占いを語る言葉をもっと広く、ゆたかに殖やすことができるのではないか、と考えた。「星占いを、もっとたくさんの言葉で語ろうとすると、どうなるか」。ためしにそんなテーマを念頭に置いていただければ、このへんてこな本も受け取っていただきやすいのではないかと思う。

12星座の世界

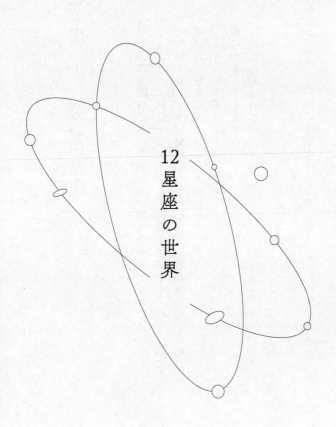

牡羊座――闘いの星座

〝早起きの労働者がところどころの屋台でチャアシュウメンをすすっている暗い街をよこぎって私は下宿にもどり、野戦服に着かえ、バグを肩にしてふたたび街へでていった。ドアに鍵《かぎ》をしっかりかけ、何度か試してから離れた。道ばたで眠りこけている車夫の肩をたたき、
……ディ……ディ……ディ……
私はかるく手をうった。
私のための戦争だ。〟

（開高健著『輝ける闇』新潮文庫）

本稿を書いた2020年6月半ばごろは、Webブラウザをひらけば〝Black

Lives Matter”の文言が目に飛び込んで来た。差別との闘いに新たな燃料が注がれ、世界中にムーヴメントが巻き起こった。香港でも民主化を求める若者達の熱い闘いが続き、世界中の関心を集めた。WHOまでが国際的な政治闘争に巻き込まれ、ニュースでコメントを求められたスタッフが深い当惑の表情を浮かべた。一方、もっと個人的な闘いも随所にあった。COVID-19による経済的打撃のリカバリのため、知人が役所と闘っていた。会社をつぶさないため、店を続けるため、家族を守るため、生き延びるための全ての試みが、闘争であった。

占いの星空に「闘争」はどう映し出されるのか。星占いの世界で「闘い」と言えばまず、牡羊座、そして火星だ。火星は牡羊座の「支配星（ruler）」とされる。牡羊座という王国を支配する王が、火星なのだ。火星はその名の通り、赤い。炎や血を連想させる色が、「闘いの星」のイメージに結びついたのだろう。英語ではマーズ（マルス）、ギリシャ・ローマ神話における闘いの神だ。

約2年に一度、火星は地球に接近する。つまり、大きく見える。接近には「大接近」と、そうでもない接近がある。2018年7月末の「大接近」ではマイナス2・8等星の明るさになり、夜空でぎょっとするほど目立った。この星は通常、1ヵ月半ほどでひとつの星座を駆け抜けていくのだが、接近の時期は数ヵ月から半年、1星座に長期滞在することになる。2020年6月末から2021年1月頭までの長期滞在では、その場所が「牡羊座」であった。

この稿を執筆していた6月半ばは、星占い的にはまだ本格的な「闘争」の直前にあった。星がハッキリと「闘い」を指し示していたのは、2020年6月末から2021年1月頭までである。この間、火星は闘いの星座・牡羊座に位置して、地球に接近していたのだ。もとい、例示したBLM運動も、香港の民主化闘争も、これよりずっと前から始まっている。「火星が牡羊座に長期滞在したから、地球上でも様々な闘争が繰り広げられた」と述べるのはこじつけと言えよう。ただ、ニュースがさかんにデモや闘争の映像を映し出しているその季節に、真っ赤な星がいつもより大きく輝いていた、という風景は、人の心に「符合」を感じさせる。全く関係のない出来事が「結びついているように感じられる」という「象徴的認識」は、大昔から現代に至るまで変わらない人間の心象風景なのだ。

冒頭の引用は、ベトナム戦争に取材に入った開高健のルポルタージュ的小説『輝ける闇』からの一文である。「徹底的に正真正銘のものに向けて私は体をたてたい。私は自身に形をあたえたい。私はたたかわない。（中略）誰の味方もしない。ただ見るだけだ。わななふるえ、眼を輝かせ、犬のように死ぬ。」。彼が選んだ彼の闘いはそれだった。彼が自分自身の闘いを選ぶことで、戦争は彼のための戦争になった。

生きることは闘うことだ、と言う人もいる。弱いものいじめをするな、より強く大きなものと闘え、と言う人もいる。真の敵は自分自身の他にはない、と言う人もいる。どれも大切な闘いだ。ただ、闘いは、まず選ぶことなしには、発生しない。もし闘うことを選ばなければ、そこに闘いは起こらない。完全に受動的な闘いというものはない。無抵抗に蹂躙《じゅうりん》されることだって選べるのだ。

たとえば戦争が起こったとして、その時代に暮らす個々人は、自分自身の闘いを否応なく選ばされる。ストレートに戦争に参加し、その戦争自体を自分の闘いとする人もいる。あるいは「戦争反対」の闘争を選ぶ人もいる。さらに、商売を続けるため、家族の生活を守るため、戦争に蹂躙されそうなものをさせまいとするため等々、様々な小さな闘いが、ひとりひとりの手で、「自分のもの」として選び取られていく。孤独や喪失、苦悩や不足に耐えることさえ、ひとつの闘いとなる。そこに客観的善悪は存在しない。

＊＊＊

一般に、牡羊座の人々は「好戦的で負けず嫌い、正義感が強く、こわいもの知らず。竹を割ったようなさっぱりとした性質」などと語られる。

牡羊座の人々には、私はこんな印象を持っている。

過去に「占いが当たっていない」という抗議や反論を受けることがたまにあったのだが、その多くは牡羊座の人々からだった。牡羊座の人々は率直に違和感を私になげかける。そこで対話が生まれるのだが、最終的に「嫌な感じの対話」になることはほとんどなかった。牡羊座の人々の「反論」はごくストレートなのだが、そこに妙な悪意や濁った感情がからまないのである。ゆえに、論理的に対話をすれば、最終的に意見が合うと合わないにかかわらず、「話して良かった」という着地点に至るのだ。また、反論している当の本人は、「自分は反論している」「抗議している」という意識を抱いていない。異論をぶつけられる私としては「挑まれている」と身構えるのだが、相手には「闘っている」意識はないのである。あくまで「自然に、思ったことを伝えている」だけなのだ。

星占いに「闘いの星座」は少なくとも2つある。闘いの星・火星が支配する、牡羊座と蠍座である。牡羊座は自分の内なる正しさのために行動し、その行動が結果的に「闘い」と見なされる。本人は「闘い」だと自覚していないことも多い。

一方、蠍座の「闘い」は、自分や大切な人の利害のために起こる。権利を守り、生きるための欲望を達しようとする闘いがそこにある。蠍座の闘いは、たいていの場合「これは闘争である」と自覚されている。

ゆえに、牡羊座の人々が恐れるのは、「闘えないこと」ではなく、「正しさを見失うこと」のほうであるように思われる。「やりたいことがわからない」「どちらに向かって挑めばいいかわからない」なども、牡羊座の人々が強く忌避する状態だ。自分自身が何に向かって行動すればいいかわからない時、周囲が驚くほど、牡羊座の人々は落ち込んでしまうことがあるのだ。

牡羊座の人々はある意味で、闘いを「選ぶ」ことはない。その前に純粋な炎のような「正しさ」が胸に燃えていて、「どう動くか」はもはや、自明なのだ。牡羊座の人々が選ぶのは、「正しさ」のほうである。何が正しくて、何が間違いなのか。牡羊座の人々は直観的であまり悩まないと言われることもあるが、その行動の遥か手前で、牡羊座の人々は、深い悩みを抱えているように思われる。ある人にとって正しいことが、他の人にとって間違いたりうるということを、牡羊座の人々はちゃんと了解しているからだ。

社会運動やデモに参加する人々は、それぞれの胸に「正しさ」を抱いている。その運動やデモを弾圧しようとする側にも「正しさ」がある。2つ以上の「正しさ」がぶつかりあうところに闘争が起こる。

牡羊座の人々は、自分の正しさに沿ってごくストレートに行動するが、それは闘う相手の「正しさ」を全否定しているからではない。むしろ、相手の「正しさ」にも自分と同程度の熱や率直さ、純粋さがあるだろうと認めているからなのだ。牡羊座の闘いにおいては、自分と相手のある種の対称性が前提されている。

牡羊座は「闘いの星座」でありながら、「肯定の星座」でもある。闘いを挑むには、相手がある程度以上に強くなければならない。でなければ「弱い者いじめ」になってしまうからである。闘いとは、理性的な相対性に裏付けられているのだ。

牡羊座の人々はゆえに、どんな熱い闘いの中でも、砂漠の風のように乾いている。湿度がないのだ。理性により、知性により、その闘いはドライであって、闘いの熱が冷めれば砂漠の冷たい星空のように優しく、美しくなる。

牡羊座 ― 始まりの星座

〝もし私が誰かをフールと認めるなら、自分の方はノン・フールだと私は考えているわけである。少なくとも潜在的に一人のフールであるのに、自分はノン・フールだと考えることで、私は事実、フールになるわけなのだ。〟

（ウィリアム・ウィルフォード著　高山宏訳『道化と笏杖』白水社）

春といえば「エイプリル・フール」である。私は自分のＷｅｂサイトで10年以上、毎年なにかしら変なことをしてきたのだが、２０１９年を最後にやめてしまった。「4月1日だけは嘘をついてもよい」というこの妙な風習（？）は、ハッキリした起源はわからないらしいのだが、「長い間4月1日は元旦で、その日は眠りから再び目覚め、若返った爽快な気分になる日であったからと考えられるし、また4月1日は3

月25日に始まって1週間にわたる新年のお祭り騒ぎの8日目であったからでもある。そしてさらに、これは、仮装したり人をからかったりなどするいろんな豊饒の儀式と合致する」（アト・ド・フリース『イメージ・シンボル事典』大修館書店）という説がある。復活祭やイラン暦のノウルーズなど、世界各地に見られる春の祭典は、まさに「解放」の象徴であろう。暗く閉ざされた冬を抜けて、晴れて外に出られるようになり、思いきりはしゃぎ回りたい！　という衝動は、「コロナ禍」に長く閉じ込められている今の私たちには、しみじみ共感できる。

星占いの世界では、春分がいわば「元日」である。「一年の計は元旦にあり」とばかり、春分の瞬間をとらえたホロスコープ（春分図）で、国家や国家元首の先行きを占うという手法もある。円を成す黄道（地球から見た太陽の通り道）の星占い的起点である「春分点」は、始まりの星座・牡羊座のスタートライン（牡羊座0度）であり、終わりの星座・魚座の終着点（魚座30度）である。始まりと終わりは星占いの円環でぴったりと重なり、特異点をなすのだ。

この「はじまりがおわりで、おわりがはじまり」のイメージは、タロットの世界にもある。「愚者（The Fool）」のカードだ。描かれている「愚者」はぼろを纏《まと》い、空を見上げながら歩く。彼の足元には断崖絶壁が近づいているのだが、全く気にしている様子はない。「この札は、そこから全てが出、そこに全てが回帰する円環上の「絶対的なゼロ」、生、一切を巻き込む死＝混沌、「グリーン・マン」、復活などを意味する。」（前掲『道化と笏杖』訳注）。タロットカードの大アルカナ（絵札）にはすべて数字がふられているが、「愚者」のカードには「ゼロ」が記されているか、あるいは、数字がない。彼が歩くのは世の秩序からはなれた世界、ノー・マンズ・ランドなのだ。

「愚者」のことを考えるときいつも、新聞の読者投稿欄に寄せられたというあるエピソードを思い出す。投稿者は中高年の男性で、クラシック音楽のコンサートが苦手だという。静かに座っていなければいけないのに、なぜか「自分が叫びだしてしまうのではないか」という恐怖にかられるのだ。もちろん、そんなことをしたことはないが、「静かにしなくては」と思うほど、「叫びだしそうだ！」という激しい衝動を感じるのだそうだ。

この投稿者はおそらく、とても真面目な人なのだろう。暴れたり騒いだりハメを外したりといったことが、普段からへたくそなのではあるまいか。自分の中の「逸脱」

への願望、すなわち「内なるフール」を自覚して、なんとかうまくつきあっておかないと、彼のような内的不安を抱え込むことになるのかもしれない。「春はへんなのが増える」とは昔からよく言われるが、「へんなの」は、だれの中にもいるのである。地中から虫が這い出すように、この星占い的な時間の境目には、「フール」が暴れ出そうとする力が強くなるのかもしれない。

昨今ではエイプリル・フールを自粛(!)する向きも増えてきたようだ。「フェイク・ニュース」がはびこるこの時代にはもう、フールとノン・フールを見分けることなどできない。正義を自任する人々は、すべての逸脱を糾弾する。エイプリル・フールに「苦言を呈する」声は近年、マジョリティになりつつあるようにも思われる。

それでもなお、私たちの中には、「フール」がいる。私は、自分でエイプリル・フールをやめておきながら、ちょっと心配なのである。毎年4月バカで暴れ出ていた私のフールは、いったいどうしているだろう。祝祭は、コントロールの手段なのだ。「今だけはイイよ」とゆるすことで、管理が可能になる。それができなくなった今、私の「フール」は鬱屈してはいないだろうか。あなたの「フール」は、元気にしているだろうか。

＊＊＊

牡羊座は「始まりの星座」である。12星座はしばしば「人の一生」に擬《なぞら》えられるが、牡羊座はもちろん「誕生、生まれたばかりの赤ん坊」の段階に重ね合わせられる。その手前の魚座が「老い、追憶、人生の終着点、全ての物語が流れ込む海」であり、牡羊座は「無から有を生み出すところ、命の新しい息吹、混沌からまっすぐに飛び出してくるエネルギー、純粋な生命力」を象徴するのである。

冬のあいだ死に絶えたように見える荒野に、春、緑が突然現れる。生き物たちがどこからともなく顔を出し、いつの間にか花が咲きみだれる。この圧倒的な「生命」のイメージが、牡羊座の担当分野なのだ。

そこにはまだ、「意味」や「目的」はない。生まれたばかりの赤ん坊の大きな産声には、何の目的意識もない。新しい場所に理不尽に放り出されたことへの怒りのようなあの泣き声は、牡羊座の人の心に荒ぶる純粋なエネルギーそのものだ。

人生は「旅」だ。しばしばそのように語られる。人生の入り口から「旅」が始まる。この旅には目的地が存在しない。旅自体が人生の意味であり、内容だからだ。タロットの「愚者」のカードに描かれている人物は、「旅人である」というのが大方の一致する見方である。牡羊座と愚者のカードを関連付ける説は、私は見たことがないのだが、牡羊座の人々が内包するあの含みのない正直さ、純良さを思う時、「愚者」のカードのイメージがいかにもぴったりだと感じることがある。悪人には皆、目的があるのだ。利害に拘る人々、自分の事しか考えない人々は、常に意図をもって動く。その動きは「合理的」である。

真に正しいこと、美しいことを求める人々は、非合理な生き方をしているように見える。「なぜそんなことをするの」「なぜそこまでするの」と、その「意図」を再三問われる。若者ほど、そうした問いを浴びせられる。しかし真の「理」は、一般的に「非合理」とされる人々の側にこそあるのではないか。

ここに、異なる意見を持つAさんとBさんがいる。AさんとBさんが意見をぶつけ合い、お互いの認識の違いを心底から解り合い、互いに誤りを見つけ、それを改めるような対話ができるだろうか。私たちの多くは自説に固執するし、体面を気にするし、ただ負けないためだけに不毛な議論にしがみつく。内心、「自分が間違っている」とうすうす気づき始めても、自分自身を欺いてまで気づかないふりをする。一旦「これが正しい」と選び取ってしまったものを、「やっぱり間違っていた」と手放すのが、どれだけ辛いことか。

しかし、牡羊座の人々は、それができるのである。恬淡《てんたん》として、心も軽やかに、ただ正しいことだけをもとめているがゆえに、自分自身から解放されている。

生まれ出たばかりのエネルギーは、まだなにものにもしばられない。自分自身にさえしばられない。

牡羊座に、「愚者」のカードはよく似合う。私はそう感じている。始まりの星座とは、そういうことだろうと思っている。

牡牛座 ― 具象の星座

〝現代の多くのアーティストの、具象からの必死の逃避は、言葉には表せない法悦経験を伝えようとする神秘家の苦心に似ているように見える。〟
（マリオ・プラーツ著　上村忠男監訳　中山エツコ訳『生の館』みすず書房）

『生の館』は、イタリアの文学者マリオ・プラーツが35年間暮らした家を巡りながら思い出を語っていく、自伝的作品である。著者はアンティーク家具のコレクターでもあり、その「自宅探訪」は濃厚を極めている。私は一軒あたり最長6年という生来の引越人生のためか「物件内覧」が好きで、特に「家具など、人が住んだ形跡のある家」に興奮するタチだ。この本はそんな私の性癖（？）を、どこまでも満たしてくれる究極の一冊なのだ。折り込みでカラー写真がたくさん入っているところなどすばらしい。穏やかな筆致ではあるのだが、「老文学者の、セピア色の思い出話」を読むつもりでいると足をすくわれる。ちょいちょい出てくるショッキングな原色の人間ドラマに度肝を抜かれるのである。また、「美しいモノ」を愛する人間の業の深さがこれでもかと描かれていて、自分が買い物をするときの罪悪感を軽減してくれる、救いの一冊でもある。

本書の「現代」は1950年代、アメリカの抽象表現主義やフランスのアンフォルメルなど、抽象芸術が「もはや前衛芸術ではなく公式芸術と呼びうるほどに」台頭した時代である。それらへの「具象からの必死の逃避」という文学者のストレートな皮肉に、私は妙に、胸につんとくるものを感じた。「具象」から遠ざかろうとするあの時代の芸術と、「物質」「所有」「身体性」から離脱しようとする現代の新しい価値観には、かすかに似た匂いがあるのではないか。

たとえば「高級ホテルのようにスタイリッシュな部屋」と言うとき、現代の私たちは荘重な調度品や華麗な芸術作品をイメージしない。直線的でシンプルな「空間」、つまり何もない部分に全力投球して作られた部屋を想像する。「空間を作る」とはごく見慣れたフレーズだが、空間というのは、そもそも「なにもない」、「空《くう》」なのである。現代的な価値観は、何かある世界ではなく、何もない世界に向かっていく。所有とコミュニケーションのほとんどを情報通信に置き換え、そこにあったはずのものをなくしていく。訪ねてくる人の身体も声もなくとも、すぐに消え去る文字の形だけで「コンタクトを取った」ことになる。だがそうやって、逃げて逃げて、逃げ果てた先に、どんな「空間」が待っているのだろう。

『生の館』に描かれるアンティーク家具と書物の世界は、そんな「空間」とはかけ離れている。「ない」世界の対極にある、「ある」世界である。あらゆる壁の空白に絵が掛けられ、床には敷物が敷きつめられ、そのすべてに饒舌《じょうぜつ》な記憶が詰まっている。

星占いにも芸術や美しい家具、コレクションなどを象徴する星座がある。牡牛座だ。牡牛座は美と五感の星座である。丁度この稿を書いている時期、牡牛座に位置する星々と、水瓶座に位置する星々とが黄経度で90度の位置関係になっていた。星占いではこうした惑星同士が形成する黄経上の特定の角度（アスペクト）を占断に用いる。なかでも90度・180度は「ハード・アスペクト」、すなわち「衝突・対立」の形として重視されている。

牡牛座と水瓶座は両方とも「不動宮」と呼ばれるグループに属しており、マイペースな頑固さなど似たところがある。しかし一方で、対照的な面も多い。牡牛座が物質や感覚を象徴する「地の星座」で、水瓶座がコミュニケーションや関係を扱う「風の星座」である、といえば、その違いがイメージしやすいはずだ。牡牛座の星のもとに生まれた人々は変化を嫌い、物事を持続させる力に優れ、優れた五感に恵まれている、とされる。快美を愛し、本当にいいものが何かを知っている。美味しいものや美しいものを、自分の手で生み出す才能を与えられている、とも言われる。水瓶座が常に時代を先取りしていく進取の気性に富んでいるのに比べ、牡牛座は伝統を愛し、ひとつの世界観の中に住みつづける。

このように星座の解釈は、別の星座と比較するとわかりやすい。牡牛座と水瓶座の対照性は、たとえば星座のマークにもよく表れている。

牡牛座のマークは円の上に半円のツノがのっていて、きんちゃく袋のようだ。このきんちゃく袋にこの世のモノを、そのままどんどん入れていける。お金でも、美術品でも、花でも星でも、まるごとそのまま入れてしまう。つまり具象的なのだ。

一方の水瓶座は、ギザギザした線が2つ重なった形だ。これは言わば「電波」「デジタル」のイメージである。音でも画像でもいったん0と1のリクツに置き換えて「送信」する。そして送信先に、新しい世界を再構成する。水瓶座は牡牛座と違い、

「そのまま」まるごとでは扱わない。一度分解してバラして運び、運んだ先でロジカルに組み立てなおすような世界なのだ。

引用部の「具象からの逃避」のイメージは、古い時代の重力から未来という「外部」へ、全力で飛び出そうとする宇宙ロケットの動きのようでもある。水瓶座はもともと灌漑《かんがい》技術と関連があるのではとも言われ、現代的には航空技術や宇宙開発などと結びつけられる「最先端技術」の星座だ。しかし、どんなに重力に逆らっても、どんなに技術が進んでも、私たちはこの人間の肉体、この人間の五感から逃れられない。多くのSFが描くように、大地、つまり「地球」の記憶はおそらく、完全に消し去ることができないのではないか。大地の星座・牡牛座のどっしりとした世界観は、星々の輝く空を背負うアトラスのようでもある。どんなに逃げても、そこにまた戻ってこざるを得ないなにごとかを、牡牛座という星座は象徴しているように思われる。

牡牛座 ― 不動の星座

〝顔の色は、長いこと外気と日光からさえぎられていた独居囚特有のものだった。それは灰いろがかった黄いろい青ざめた色をしていた。〟

(イリヤー・レーピン著 松下裕訳「カラコーゾフの処刑」『ヴォルガの舟ひき』中公文庫)

巨匠レーピンの自伝的エッセイを集めた本書の中で、公開の絞首刑を目撃した体験を記録した「カラコーゾフの処刑」は特に、ギラギラと輝くようなリアリティを放っている。私と画家を隔てる150年以上の年月が吹っ飛び、まるで若かりし日のレーピンのかたわらに自分も歩いているような錯覚が起こる。

私がレーピンの絵を初めて見たのは、大学生の頃だった。旅先の小樽で、偶然展覧会が開かれていたのだ。一見して、殴られたような衝撃を受けた。「人がいる」と思生きている人がいる。そこに。たとえば、人を写した写真を写した写真を見たところで「そこに（生きた）人がいる」とは感じられない。写実中の写実は、このように「生きて、存在して」しまうのか。私は呆然とした。ちなみに私が展覧会で呆然とした絵はこのほかに、ジャコメッティの「アネット」がある。あのときも「生きている人間がいる、ここにしばりあげられている」と思った。

「書き手」としてのレーピンを知ったのはずいぶん後になってからだった。その穏やかな、透明な愛に溢れる筆致を、私はすぐ好きになった。読み進めるほどに、なるほどこれは画家の文章だ、と思った。とにかく「色」の描写が多いのだ。どんな状況下でもレーピンの目は、執拗に色と光を捉え続ける。彼の書く「色」は、空が青く山が緑といったスタティックな、属性的なものではない。冒頭に引用した、ロシア皇帝アレクサンドル2世暗殺未遂の罪で絞首刑に処されるカラコーゾフ、その肌の「灰いろがかった黄いろい青ざめた色」とは、単なる物質的な色彩を超えた「色」だ。その色を目にした人間は、同じ人間として、そこにどこまでも人間的な「意味」を見いださざるを得ない。

これを読んで、私はチャンギージー『ヒトの目、驚異の進化』で読んだ「人間の肌の色は無色に見えている」という話を思い出した。人間は（同じコミュニティに属する）他者の肌に、肌本来の色を捉えない。他者の肌は色のないディスプレイなのだ。私たちはそこに「青ざめている」「紅潮している」など、感情や体調のメッセージとしての「色」を読み取る。レーピンは人の表情だけでなく、世間全体をひとつのディスプレイとして捉え、そこに様々に浮かび上がる変化に富んだ色彩を、メッセージのように捉え続けていたのではないか。

後に彼は本書のタイトルでもある「ヴォルガの舟ひき」で、世界的な名声を得る。世間は彼のこの絵に、ロシアの階級問題や労働者の苦悩など、政治的な意図を読み取ろうとしたが、レーピン自身はその評価に違和感を抱いていたようだ。おそらく、ヴォルガで舟をひいていた破門僧カーニン、レーピンがその姿に魅せられ、追いかけ、取り憑かれたように描いたカーニンは、他のモデル達と同様、「人間」ひいては歴史や世の中のすべてを映し出す、ディスプレイだった。

2020年頃からの「コロナ禍」で、人の顔の色を見ることさえ難しい世の中となった。人に会いにくいし、オンラインでは微妙な表情の変化は捉えづらい。でも、私たちを支配する力は、密かに感覚や感情に訴えかけ、私たちを内側から動かそうとする。世間的には「より冷静である」ことが何よりも貴ばれるようだが、他者の感情に触れにくくなればなるほど、自分がいかに感情的で感覚的であるかという点に注目すべきなのかもしれない。セルフ・コントロールとは、何も感じなかったことにすることではない。あくまで、自分が何を感じているかを自覚するところから始まる。私たちはいつも、感じているのだ。だが、それを無視している。

＊＊＊

星占いにおいて牡牛座は、五感と物質の星座であり、大地の星座であり、不動の星座である、とされる。五感によって感知される色彩やもののかたち、感触、味わい、音、快不快、美醜などは、牡牛座のテーマとして深く刻まれている。キリスト教の十二使徒の一人、聖ルカは、初めてマリア像を描いた人と言われているが、彼は牡牛座と関連付けられることがある。自然を写し取る「絵画」もまた、牡牛座的なものだ。これはもちろん、牡牛座のもとに生まれた人のみに画才があるとか、そうした浅薄な意味ではない。12星座の全てにそれぞれの絵画世界がある、と言うこともできると思う。ただ、人間にとっての絵画というもののごくプリミティブな意味が、牡牛座の世界観の中にあるのだ。五感を通して世界を捉え、五感を通して快美を生み出す、という行為自体が「牡牛座的」なのだ。

牡牛座は「不動宮」に分類される。フィクスト・サイン、季節の盛りを担う世界で、物事のもっとも良い状態を維持する力を担う。従って、不動宮に多くの星を持って生まれた人は、安定的で、変化を嫌い、一貫性があって、信頼に値する、とされる。たとえばウィリアム・リリーの『クリスチャン・アストロロジー』では、牡牛座の信頼性は特に際立っている。牡牛座に強い星を持つ人は、決して心変わりしないのである。

「変わらない」星座が「五感」の星座だということは、一見、不思議なようにも思える。五感が捉えるのは、変化そのものだからだ。レーピンが描写した死刑囚の顔色も、チャンギージーの言う「ディスプレイとしての肌」も、他の状態と比較した上で「変わった」ことがわかる。五感の捉えたことを描写する言葉、たとえば「熱い・寒い」「明るい・暗い」「赤い・白い」などは、すべて相対的な評価だ。どれも変化の度合いや他のモノとの比較から出る言葉なのだ。

しかしよく考えれば、「変わらない」ことは、「変化」との関わりにおいて意味を持つ。変わらない基準があってこそ、その変化の振り幅を安定的に捉えられる。牡牛座の人々の「不動」とは、変化しない世界を生きるということではない。変化し続ける世界の中で、常に自分の中に、変わらぬ物差しを持っているということなのだ。メトロノームはゆれ動きながら、常に同じ位置に戻ってくる。牡牛座の「不動」は、メトロノーム的不動なのだ。ゆえに、牡牛座の星のもとに生まれた人々は、世の中の変化を鮮やかに捉え続ける。常に信頼に足る、素直なやり方で。

牡牛座の星を持つ人々は、座の空気を作る。変わらぬリズムを刻む力を持っているからだ。「変わらないもの」はそれだけで大きな存在感を放つ。

たとえば、10年ぶりに訪れた街で、私たちはまず、かつてあったはずのものを探す。それを見つけて喜び、かつ、失われたものや変わったものを見て、歳月の流れを感じる。もし、「全ての建物・人が変わっていた」ならば、どう感じるだろう。そこはもう「10年ぶりに訪れたあの街」ではない。全く別の場所、新しい世界となるだろう。それでも、街の向こうに見慣れた山がそびえていれば「ここには、あの街があったのだ」と思えるかもしれない。その山も火山活動で形を変えていたら、もはやその場所は「新しい場所」となるだろう。

牡牛座の星は、内なる不変を与える。変わらぬものを軸として、私たちは過去とつながり、未来に結びつくことができる。牡牛座の「不動」は、変化のなかにあって大きな輝きを放つ。牡牛座の人々ももちろん、様々に成長し、変化を遂げるが、その内なる不変をも育ててゆくことで、多くの人があつまる大樹となる。小さな苗が樹齢何百年の大樹に育ってゆく、その大いなる変化を支えるものこそが、木の中にある不変だとするなら、牡牛座はそういう不変を担う星座なのだと思う。

双子座　―　旅の星座

〝「他の場所」で自分自身と出会うとき、特に、家にいるときのような普段通りの行動が許されない環境にいる場合、自分でも奇妙に思える自分自身の一面に出会うことがある。自分がもちあわせているとは思いもしなかった勇敢と無謀、長いあいだひた隠しにしてきた臆病の顕現、頭にとどまり続けていながら、普段は気にとめていなかったなんらかの思考。〟

（プラープダー・ユン著　福冨渉訳『新しい目の旅立ち』ゲンロン）

自分というものが「どこにいるか」で、変化する。家にいる時と、学校や職場にいる時の自分がまるで違う態度をとる、という現象は、多くの人が経験するところだ。故意にそうするのではなく、勝手にそうなってしまう。もちろん、どこにいても全く同じ態度で、リラックスして過ごせる、というツワモノも、世の中には存在する。だが、そう多くはない。

家も学校も職場も、どれも「慣れた場所」だが、「旅」はそれらとはまったく違う「場所」だ。上掲書の著者、プラープダー・ユンは大都会バンコクに暮らす人で、本書は彼がフィリピンのシキホール島を旅した時の「思考の記録」である。

30代半ばになった彼は、自分の「思考のパターン、ものの見方」に飽きていた。「同じ引き出しを開けては古い持ち物を引っぱり出して、それを使って自分の思いや考えを書いていることに、ぼくはうんざりしていた。」というフレーズに、私は心から共感した。同じようなことを感じている人がいるのだ。もちろん、彼の「引き出し」に入っているもののゆたかさと、私の貧弱なそれとは比べものにもならないのだが、とにかく「自分自身に飽きる」という現象は、私にとって親しみ深いものだった。そして何を隠そう私も、30代半ばにフィリピンを旅したことがあったのだ（！）。

彼がフィリピンにでかけたのは、自然に根ざしたアニミズム文化に出会うためだった。彼はそこに「環境の危機に直面している現代社会に寄与するものがあるかもしれない」と考えた。でも、結果として、彼が発見したのはそんなものではなかった。彼はまず、人間が作った「自然」という概念そのものの欺瞞性に気づいた。そして「自分でも奇妙に思える自分自身の一面」に出会い、そしてさらに、「自分自身」に出会った。すなわち、美しい海岸の風景の中で、「ぼくはこんな場所にいたいとは望んでいない」と、気づいてしまったのだった。

実は、星占いの世界にも「他の場所」が存在する。それぞれの星にとっての「自宅」と「外の世界」が設定されている。月は蟹座の支配者で、王様のようにいるのである。たとえば、月は蟹座を「自宅」としている。月は蟹座の支配者で、王様のような星なのだ。太陽は獅子座を、水星は双子座と乙女座を、金星は牡牛座と天秤座を、火星は牡羊座と蠍座を、木星は射手座と魚座を、土星は山羊座と水瓶座を、それぞれ支配している（時代が下がって発見された星々にも、冥王星は蠍座、天王星は水瓶座、海王星は魚座、という割り当てがある）。自分が支配している星座に位置している時は、リラックスしてのびのびと過ごせる。一方、自分が本来いるべきではない場所もある。これがつまり「他の場所」である。金星は乙女座にいるとき、持ち味を出しにくい。太陽は天秤座で、居心地の悪い思いをする。また、星が地球から見て「逆行（軌道を逆向きに進むように見える現象）」するときも、その星の力がストレートに出ない、とされる。

古典的な星占いの解釈では、星が「他の場所（障害・下降と呼ばれる）」にいるとき、「凶兆」と読む。しかし私は、たとえばプラープダー・ユンの旅のようなことが起こるのだ、と考えている。自分が過ごしやすい場所にいるとき、私たちは本当の自分の思いに気づかない。環境に自分が溶け込んでしまって、赤の上に赤を置いたように、何も見えない状態になる。本当に「自分が何ものなのか」がわかるのは、慣れない、居心地の悪い、遠い場所に身を置いたときなのだ。コントラストの強い場所に立って初めて、自分のアウトラインがわかるのだ。「居心地の悪さ」の中に、「新しく奇妙な自分」を発見する体験。それは、無意識に背を向けて逃げ続けて来た自分の姿に、出迎えられるような体験と言える。

＊＊＊

双子座は、旅の星座である。カストルとポルックスの双子星は、古来船乗り達の守り神として知られたという。実際、神話の中でこの二人は、アルゴー船に乗って英雄イアソンとともに航海している。

双子という存在そのものが、古い時代には強い偏見に晒されていた。そっくりな容姿で生まれる双子は神秘的であり、不可解であり、ゆえに、忌避されたのだ。人は一人一人、固有の容姿を持っている。そのはずなのに、そこには見分けられぬほどそっくりな人間がもう一人いるのだ。現代的にはこのことは、ほとんど問題にならない。でも、古い時代の人々は、この謎を恐れた。多くの差別意識は恐怖から生まれる。

「自己同一性」、アイデンティティ。「自己同一性」という言葉はなかなか意味深である。「自分とは何か」を語る時、人間は自分以外の何かを必要とするものらしい。たとえば国家や民族、生まれ育った地域や文化の名称と、自分を「同一視」することによってひとつのアイデンティティが生まれる。SNSでは昨今「私は普通の日本人です」というプロフィール文をよく目にする。「日本人」というものと自分を同一視することで、「自己同一性（アイデンティティ）」が生じているわけだ。

双子座の「双子」はもちろん、現実の「双子」を意味するわけではない。つまり「双子は双子座生まれが多い」などのように語られるわけではない（ホロスコープを詳細に読むとき、そうした象意が読み取れてしまうこともあるのだが！）。象徴的な「双子」とはいったい、どういうことなのか。

たとえば「自分の中にもう一人の自分がいる」といった言い方がある。また、会社で上司に対する時の自分の態度と、家に帰って家族に接する態度とがまるきりちがう、という人は珍しくない。人はたくさんの「自分」を生きている。さらには「自分会議」のように、自分の中にいる様々な自分が議論を闘わすこともある。「これが私のアイデンティティです」と高らかに言える人でも、その「アイデンティティ」のイメージとは全く別の顔を、ある人にだけ見せている場合がある。

双子座は旅の星座であり、策略の星座でもある。双子座の支配星・マーキュリー（水星）は、ギリシャ神話におけるヘルメスだ。ヘルメスは幼児の頃、牛を後ろ向きに歩かせるという策をもってアポロンを欺き、牝牛を盗んだことがある。ゆえにヘルメスは「ドロボウの神」とされている。盗人はしばしば、「変装の名人」である。ヘルメスもおかしな靴を自作して、追跡を攪乱しようとした。彼らにとっておそらく「アイデンティティ」はそれほど重要ではない。むしろ、どれだけ様々な自分になれるか、ということが眼目なのだ。

双子座の星のもとに生まれた人々は、色々な場所を旅し、自分が置かれた場所において、様々な自分を発見する。引用したプラープダー・ユンのように、ある場所で新しい自分を見つけては驚き、感動し、それを咀嚼する。そしてまた別の場所に出かけていき、また別の自分を発見する。そうしてたくさんの場所で様々な自分を発見しては変身し、そのひとつひとつを星のように捉え、人生というラインで星々を結んで、時間の流れの中に大きく拡がった星座のような「自分」のイメージを愛するのだ。これが双子座的「アイデンティティ」なのだろうと私は考えている。

双子座の人に「あなたはこういう人ですね」と型にはめるような言い方をすれば必ず、彼らはその型を破壊するような返答をするだろう。少なくとも、首をかしげてみせ、同意はしないはずだ。

双子座・乙女座・射手座・魚座は「柔軟宮（ミュータブル・サイン）」と呼ばれるグループに属する。これらの星座は「ダブルボディーズ・サイン」とも呼ばれる。双子座と魚座（双魚宮）は文字通り、2体ある。射手座は上半身が人間、下半身が馬のケンタウルスの姿で表される。そして乙女座は、現代の星座絵では一人の大きな乙女が描かれるが、古代エジプトの天体図には「畝《うね》」「葉」と呼ばれるふたりの女性の姿で描かれている。一説に、もとは二人の女性だったのが、後に一人に統合されたのではないか、という。乙女座と関連付けられるデメテルとペルセフォネの神話も、母と娘、二人の女性の物語である。また、乙女座の章で改めて書くが、処女性というもの自体がある種の両義性を含んでいるように思われる。

この4星座の中でも特に双子座は、「ダブル」の意味合いが強い。複数のアイデンティティを縦横無尽に生きる者。そのアイデンティティは決して「閉じる」ことがなく、常に外側に開かれていて、変容の可能性を探っている。

双子座 ― 嵐の星座、翼の星座

〝第一がふるさと、、、ということだった。故郷がこんな作用をするとは知らなかったのである。なにか母は朝から晩までいきおいたって首をもちあげている、というようすに見えた。つまりいつもより高調子にあがっていた。〟

（幸田文著「晩夏」『猿のこしかけ』講談社文芸文庫）

16、17歳の頃の幸田文が、母のふるさとである田舎の山林に「旅」に出かけたときのハナシである。都会から大自然のまっただ中にやってきた少女は、澄んだ空気に心から感動した。しかしわずか数日でそうした風景には慣れてしまい、今度はそこにいる「人間」が無性に気になり始めるのだった。

山林の経営を任されている「A氏夫妻」、A氏のもとに働く山番の「Bさん夫婦」、両家には小さな子供達もいた。少女・幸田文は、最初は彼らのよい点ばかりを見つけて楽しんだ。だが次第に「邪魔な人間が目について目について困りだした」。邪魔な人間、それは彼女の母親であった。母親はふるさとに帰ってきて、普段より強気になっていたのだ。娘にはそれが「邪魔なもの」に感じられた。

若い娘から見ると、強気になって「調子のあがった」母は、確かに鬱陶しいだろう。だが、母親自身はきっと、自分のもともと居た場所に戻ってきて、生き返ったような気がしていたのではないか。婚家で小さくなっている自分ではなく、若いときののびのび遊んだ空気に触れ、「元に戻った」気がしたのではないか。

せっかく山にあそびに来たのだから、自然を思いきり満喫すればいいようなものだが、結局気になるのは「人間」だというのが、いかにも幸田文らしい。いや、人間はみんなそんなモノなのかもしれない。私たちはとにかく「人」が気になるのである。たとえ宇宙旅行にでかけても、数日すれば宇宙船内の人間関係で頭がいっぱいになるに違いない。

星占いは神秘的なもの、と考えられているが、人間が神秘的な星空に読み取ろうとするのは、あくまで恋愛や、仕事や、健康など、つまりはとにかく「人間のこと」なのである。ゆえにホロスコープの上には「人間」がいる。たとえば金星は若い女性や子供を象徴する。火星は戦士、軍人、青年や壮年期の男性を象徴する。木星は富裕な人や君子、土星は老人や貧乏人だ。これらの人間像は、「いい人たち」ばかりではない。金星は愛情深い優しい人を象徴する一方で、甘ったれや怠け者を示す。火星には勇気と情熱の人だけでなく、乱暴者やトラブルメーカーを読み取る場合もあるのだ。

さらに、星占いで用いる星々には、「居心地のいい場所」と「悪い場所」があると考えられている。たとえば、水星は双子座を「自宅」としている。「水星は双子座の支配星（ruler）である」などと表現する。水星が双子座に戻ったときの状態、それはきっと、幸田文の母親が「ふるさとに帰って強くなった」のに似ている。戦士は戦士の、花嫁は花嫁の、老人は老人の立場と言い分がある。そこに純粋に立ち返ることにより、強くなる。「自分がなすべきこと」が見えてくる。

日本の現代社会では「人の気持ちが分かる人になれ」「相手の立場に立って考えよ」という発想が好まれるが、それ以前にまず「自分が自分である」というところが忘れられてはいまいか。自分の立場はさておき、他人の思惑ばかり考えている人が多すぎる気がするのだ。たとえば「忖度」が起こるのは、他者の側から自分の立場を規定するからだろう。自分で自分の行動を規定できていれば、そう簡単に他人の顔色を窺って先回りする、という発想は出てこないはずなのだ。

少女の幸田文が見た「人間」たちは、ややこしく、意固地で、引っ込みがつかなくて、しばしば他人に容赦がない。聖人君子などいなかった。幸田文にはいい意味で(?)「悪党」のニオイがする。私たちはこれに倣い、少し「悪党」を自認する勇気を持つべきだと思う。自分が正しいと思わずにいられないのは、少々病的なのではないか。

＊＊＊

「象徴」は、しばしば両義的である。たとえば「嵐の神」は、嵐を呼ぶ存在であると同時に、嵐を鎮める存在とも見られる。かつて「セント・エルモの火」として知られた嵐の時の船上の発光現象は、カストル・ポルックスと関連づけられていた。この炎は「嵐が鎮まるのを知らせる前兆」と考えられたらしい。嵐を象徴するものに、嵐が収まることを祈り上げる。人間の心の「関連づけ・象徴的思考」は、因果関係とは全く別のところにある。

双子座という星座の世界観にも、そうした両義性が含まれている。「知性の星座・双子座のもとに生まれたひとは、理性的でクールな人が多い」などと言われるが、そうした「静」のイメージの一方で、他のどの星座にも引けを取らない「動」の象意を備えている。即ち「嵐」だ。双子座の星のもとに生まれた人々の多くは、その内側に荒ぶる破壊衝動を秘めており、場の調和や関係性を惜しみなく壊しつくして憚らないところがある。予定調和を目にすると「これを壊したらどうなるだろう?」という好奇心を抑えられないという人もいる。「壊し屋」の異名をとった某政治家のホロスコープを見たところ、双子座に星が集中していたのに驚いたことがある。東日本大震災の日、月は双子座に位置していた。

もちろん「双子座に月が入れば地震」といったことが言いたいわけではない。そんな因果関係は少なくとも今のところ、ちっとも証明されていない。他の星座に月がある時でももちろん地震は起こる。ただ、「象徴」は、強い印象を残す現象を捉える人間の心の作用なのだ。私の中では、これらのことが双子座という世界観に結びついて映る。

双子座の星のもとに生まれた人々は、座持ちが良く、ケンカの仲裁がうまく、司会者や議事進行役を華麗にこなす。話術に長け、人から話を引き出すのがうまく、人に合わせるのも上手で、場をあかるくオープンにさせる。だがその一方で、彼らは突然、荒ぶるエネルギーで人間関係をこなごなにし、人との繋がりをさくっと「切る」。この2つの面は、双子座の星のもとに生まれた人々の中で、おそらく矛盾しない。爽やかなそよ風があり、花粉を運ぶ恋の風があり、船を走らせる海の風があり、時に台風が来る。すべて、おなじ風である。風が吹かなければ何も起こらないのだ。

〝だいたい自然科学でいまできることと言ったら、一口に言えば破壊だけでして、科学が人類の福祉に役立つとよく言いますが、その最も大きな例は、進化論は別にして、たとえば人類の生命を細菌から守るというようなことでしょう。しかしそれも実際には破壊によってその病源菌を死滅させるのであって、建設しているのではない。私が子供のとき、葉緑素はまだつくれないと習ったのですが、多分いまでも葉緑素はつくれない、葉緑素がつくれなければ有機化合物は全然つくれないのです。一番簡単な有機化合物でさえつくれないようでは、建設ができるとは言えない。〟

（小林秀雄・岡潔著『人間の建設』新潮文庫）

たとえば現代のｉＰＳ細胞について、岡潔ならどう言うだろう。私は自然科学には全く不案内なので、人間が未だに科学を用いて「建設」がいっさいできていないのかどうかはわからない。ただ、子供がしばしば、おもちゃや機械を「分解」したがるような衝動が、自然科学の入り口には存在しているのではないかと思う。ナカミがどうなっているか知りたければ、まず壊さなければならないのだ。元に戻せるかどうかは別として。双子座的な知的好奇心のありかたは、それによく重なる。「ナカミがどうなっているか知りたい、だから、ちょっと分解してみよう」。この知的精神が、双子座の人々をしばしば、周囲が驚くような「破壊」へと誘うのではないか。

双子座を支配する星・水星はメッセンジャーの神・ヘルメスだが、前章にも述べたとおり、ヘルメスは古来ドロボウの神様とも言われ、その神話は決して優等生的なものではない。双子座の世界では、善悪はあくまで相対的な価値観である。たとえば「商売上手」は、ほめ言葉であると同時に、どこか不道徳な「利己」「ずるさ」の匂いを含んでいる。ヘルメスはビジネスの守り神でもある。計算高いこと、相手の弱みにつけ込むこと、ルールの隙を突いて利益を最大化することは、善悪の間にある。限りなく黒に近いグレーでも、黒でなければ罰せられない。そのようなルートを発見して通り抜ける技は、ヘルメスの管轄と言える。悪が絶対的に悪なのではなく、人間の定めたルールこそが善と悪を規定しているのだ。ルールを上手に使えば、人よりも優れた結果を出せる。こうした考え方ができる人々が、多くの場合、ビジネスや政治を有利に動かしていく。このような態度を「悪」と見なす立場もある。だが、本当にそうだろうか。ルールを絶対視して他者の「悪」をのびのびと糾弾する人のほうが、むしろイノセントに悪辣なのではないか。ルールは、すべて人間が作っているのである。善悪もまた、ルールに過ぎない。だからこそ、知ること、考えること、交渉することが重要なのだ。双子座の世界観は、そのようにできている。人に優しくすることも、人を愛することも、「それがいいことだと決まっているからする」わけではないのだ。双子座の人々は必ず、愛や優しさを前にして、考える。これはいったいどういうことなのだろう？　と。

たとえば昆虫学者にとって、ゴキブリとカブトムシは同じ「昆虫」で、差別するいわれはない。植物学者は「雑草」と「雑草でない（価値ある）草」をことさらに区別するだろうか。心理学者や精神科医は、たとえ凶悪犯を前にしても、その人の善悪を処断したりはしないだろう。あくまで相手の内面にあることを、差別なく扱うことが求められる。もちろん、研究者にも倫理はあるだろう。だが、その倫理は、裁判所の倫理とは別のものであるはずだ。それに裁判所の倫理もまた、相対的なものである。

双子座の守り神・ヘルメスは翼のついたサンダルを履き、天地のあわいにあってどちらにも所属しない。天には天の、地には地の価値観がある。道徳があり、ルールがある。しかし、翼を持つ者は天と地、善と悪の間を自由に飛び回っている。どちらの世界の価値観にも決して拘泥しないし、ジャッジもしないのだ。

双子座はメッセンジャーの星座であり、ビジネスの星座であり、物語の星座でもある。幸田文がもし「親孝行」という道徳観にどっぷり浸かっていたら、引用部のような一節は絶対に出てこないだろう。知性は、ある種の価値を絶対視するような重力的世界観から脱出するための翼だ。双子座は、「翼の星座」なのだ。

蟹座　―　模倣の星座

〝考えていても行動に踏みきれない人間は、しばしば自分をはげましてくれるような手本を待っている。その行動をしたいとどれだけ思っても、最初の人間にはなりたくなくて、誰かが道を開いてくれるのを待っているのだ。〟

（ピエール＝フランソワ・ラスネール著　小倉孝誠・梅澤礼訳『ラスネール回想録』平凡社ライブラリー）

本を開いて、そでにある著者紹介に目を走らせたとき「犯罪者」の肩書きを見いだしたことはあるだろうか。この本がそれである。曰く「ピエール＝フランソワ・ラスネール（１８０３－３６）19世紀フランスの犯罪者、詩人」。私はなぜか、獄中記や犯罪者の追想録のような作品が好きだ。「罪を憎んで人を憎まず」と言うが、彼らの手になる文章は、「罪」ではなく「人」なのだと感じる。

ラスネールは32歳の若さでギロチンの露と消えたが、明日断頭台にのぼるという直前まで、自分の犯罪や人生の理不尽について書き続けた。彼の犯罪や人生に、ここで詳しく触れるつもりはない。テーマにしたいのは、彼のこの、模倣に関する持論である。

善行でも犯罪でも、ほとんどの人間は「模倣者」だ。「一つの慈善行為には別の慈善行為が、一つの決闘には別の決闘が、一つの自殺には別の自殺が、一つの犯罪には別の犯罪が続く」と、彼は言う。これは、現代のメディア論とか、社会心理学のような場でも語られることである。私たちは他者のやりようを見て、行動する。脳には「ミラー・ニューロン」が備わっていて、他者の行動を見るだけでも、自分で行動を起こしたときと同じニューロンが「発火」する、という説がある。現在ではこの説には様々な批判があるようだ。しかし、この説が一時期絶大な人気を博したのは、「模倣」という私たちのごく日常的な体験と全く矛盾しなかったからだろう。幼児の発話も、あくびも、私たちは意識して「そうしよう」としたことはないのだ。自分の心身が半ば自動的に模倣を行う、という実感があるのだ。読者は、毛嫌いしている流行《はやり》言葉がうっかり自分の口から転がり出てきて、びっくりしたことはないだろうか。私はよくある。「なにげに」とか「ビミョウ」などの言葉を自分がふと用いたとき、ほとんど怒りを感じたものだ。

本稿を書いていた2020年5月後半、各地で「緊急事態宣言」ひいては「自粛要請」が解除されつつあった。外出禁止のような状況から解放されるのはまことに嬉しいが、多くの人の指摘するとおり、「自粛」とは「自らの判断」のことなので、それが外から「解除される」というのはまことにトンチンカンだ。しかし「自粛要請」に、多くの人は粛々と従った。さらに「自粛しない人々」を攻撃し、張り紙や投石、器物損壊に及ぶ「自粛警察」なる人々も現れた。その一方で、パチンコやバーベキュー、海水浴など自由に出かける人々もいて、その様子がテレビ画面に何度も映し出された。これらの「多くの人の行動」はすべて、「模倣」に根を持つ。いいことも悪いことも「テレビでやっているから」「他の人もやっているから」マネする。本当にさせたくないことなら、放映を自粛すればよいのだ。しかし「放映したい」「それを見たい」というほとんど「集合的無意識」と言いたいような根深いニーズがある。模倣は、思考や理性という自覚的フィルタを通るものもあるが、そうでないものの方が、圧倒的に多いのではないか。無意識に望み、無意識にマネをし、無意識に拡げるのだ。

2020年6月から8月頭、水星が蟹座で逆行していた。蟹座は「感情・共感・保護の星座」であると同時に「模倣の星座」とも言われる。水星は知性とコミュニケーション、学習、ビジネスを司る星とされ、年に約3回「逆行」し、その間ひとつの星座に長居する。水星逆行時は、交通や情報通信が混乱するとされる一方で、「失われたものが戻ってくる」「やりなおしができる」時間ともされる。

模倣の星座を歩きまわっていた、認識の星。私たちは一体自分がどういう意図で何をしているのか、ほとんどわかっていない。ちゃんと自覚しているつもりでも、あとになって「なんであのとき、自分は、あんなことをしたんだろう？」と首をかしげるようなことは、少なくとも私はしょっちゅうある。正義のつもりで人を叩いたり、善を行うつもりで口をつぐんだり、優しさのつもりで欺いたり。それらのいくばくかは、他の誰かの行動を目にしたがゆえの、無意識の模倣だったのかもしれない。「その行動をしたいとどれだけ思っても、最初の人間にはなりたくなくて、誰かが道を開いてくれるのを待っている」という心の水風船を、他人の行動が針のように、ぷつんとつついたのかもしれない。

惑星の逆行は、人間が天動説から地動説へとパラダイム転換する上で、大きな手掛かりのひとつだった。ゆえに星占いの世界でも、星が逆行する時間は「思い込みの縛りから抜け出すことができる時間」と解釈されることがある。私たちは何をひそかに望み、何を模倣していたのか。もしかしたら2020年の夏、そんな「模倣の謎」のカギがあちこちにちらばっていたのかもしれない。

＊＊＊＊

「まなび」は「まねび」である、とは、子供の頃からよく聞かされた。子供から大人まで、圧倒的に多くの人々が「自分以外の人々は、どのように行動しているか」を見て、それをまねる。服の流行から流行言葉《はやりことば》、ある種のワクチンを打つか打たないか、選挙の投票行動に至るまで、「他の人はどうしているだろう」「多くの人がするようにしたい」と考える。もちろん、つねに自分独自の方針で行動を決めている、という人もいるかもしれないが、そもそも人間社会で暮らしてゆくにあたり、すべてをゼロから自分で創造することなど不可能だ。言葉も、服装も、行動パターンも、無意識のうちに学ばされている。他の人と同じようにするよう、しつけられているのだ。

なぜ「同じようにする」ことが求められるのか。それは、「共同体」というものが、「他の構成員と同じように振る舞う」ことでできあがっているからだろう。ある程度の個人の自由は許されていても、ルールや慣習、礼儀、マナーなど、様々なかたちで人の行動は「同じようにする」よう強制されている。すり込まれていて、内面化されていて、道徳化されている。「箸の持ち方が間違っている」ことを、まるで悪を断罪するように責める人がいるが、その典型だ。他の人と同じようにしない・できない人間は、集団の和を乱す危険な存在として、否定されるか、または、矯正される。「他の人と同じようにできない」人々がどんなに傷つけられ、苦しみながら生きているかということが、最近は「生きづらさ」という言葉で語られるようになった。「生きづらさ」を訴える人は今、マジョリティになりつつあるのかもしれない。そうなれば、「生きづらくない」人々のほうが、今度は不安を感じるようになるのかもしれない。

前述の通り、蟹座は「模倣の星座」とされる。同時に、蟹座は共同体の星座であり、帰属意識やナショナリズム、家族制度などと関係が深い。蟹座は、「ルーツ」の星座でもある。一般的に蟹座を語る時、「母性的」というキーワードがよく用いられるが、実際に蟹座の星のもとに生まれた人々には、このワードはほとんど受け入れられない。蟹座の人々はたとえ肉親であっても、感情が結ばれる関係を築けない場合は、徹底的にオミットする傾向があるのだ。

ホロスコープにおいて、蟹座の位置する場所は、もっとも「深部」である。一番低く、一番深く、一番暗い場所が蟹座の場所である。12星座成立の歴史はメソポタミア文明まで遡れるが、古代には「カニ」と「カメ」は同じ言葉で表されたらしい。蟹座は地下水の世界に棲むカメと関連付けられ、そこは冥界でもあったのだ。カメにもカニにも硬い甲羅がある。その内側には「自己と、自己と同じものたち」が住み、外側に「わかり合えない他者」が位置するというトポロジーになっている。たとえ肉親であっても、共感できず、同一性の感じられない存在は、甲羅の外にはじき出される。一方、どんなに遠くから来た他者であっても、共感やなんらかの「一致」が認められれば、甲羅の中深くまで招き入れられ、甲羅の持ち主と同じものとして大切にされる。

ゆえに蟹座の世界において「模倣」は、甲羅の中と外を行き来するためのカギのような意味を持つ行為なのではないかと思う。見知らぬものに出会ったとき、蟹座の人々は恐怖し、警戒するが、同時に模倣という手段によってなんとか、他者を身内にできないかと模索するのだ。蟹座は「共感の星座」と言われるが、この「共感」は、外側から「おもいやる」ような距離感のある行為ではない。むしろ、相手の感情を自分の中でそのまま模倣し、相手と同じ感情を生きようとするような作業が、蟹座的「共感」だ。

蟹座の甲羅は決して、外界に対して完全に閉じているわけではない。その甲羅には「模倣」という扉のようなものがついているし、甲羅自体も脱皮を繰り返して大きく、広くなる。蟹座の外界への「閉ざされ」には、様々な可能性が付帯している。その内側には限りなく大きなコスモス（宇宙）となるポテンシャルが秘められているのだ。

モノマネは、非常に危険な行為である。マネをされた側はたいてい、馬鹿にされたように感じる。恥ずかしくもあるし、怒りを抱くことがほとんどだろう。小学生がよく、友達のマネをすることで攻撃することがあるが、大人になっても似たようなことはしばしば行われる。モノマネを受け入れた芸能人は「懐が深い」「器が大きい」などと賞賛されるくらいである。にもかかわらず、モノマネが広く楽しまれているのはなぜなのだろう。誰かの上手なモノマネを見たとき、「ああ！」と驚きにも似た感動が胸に湧く。「私もそのことがわかります！」という共感が、その驚きの大本にあるのだろう。モノマネをされた人物に対して抱いている印象への共感は、「わかりあえた」感動を生む。そのモノマネを見て「わかる」ということが、ひとつの共通言語となり、一瞬そこに、「わかる人同士の共同体」が幻想的に出現するのだ。

一方で「マネは最大のおせじ」ということもある。テレビドラマで人気俳優が身につけた服や靴などがあっという間に売り切れる。憧れの人の行動やスタイルを完全に「コピー」してしまう人もいる。これはまさに、共感と同一化であり、甲羅の「内側に容れる」行動だろう。

遠く離れた場所で起こった戦闘とその悲惨を、メディアを通して目撃する。たとえそこに知人の一人も存在しなくとも、私たちは心を痛め、募金をし、日々不安な気持ちで続報を待つ。戦闘が早く終わることを祈り、避難している人々の悲劇に思いをいたす。これは道徳や倫理の問題ではない。「もし自分が同じ目に遭ったら」というシミュレーションが脳内に走るからなのだ。もし「ミラー・ニューロン」というようなもの、あるいはそれに類似する機能が人間にあるとすれば、きっとその作用で、私たちは海の向こうの戦争に胸を痛めることができる。自分自身との重ね合わせ、同一化が起こるのだ。

蟹座的世界観で言うなら、戦場で苦しむ人々に心を寄せるとき、彼らは既に甲羅の中に招き入れられている。

蟹座 ―― 記憶の星座

〝あまりにも悲劇的な事故だったので、家族はそれを思い起こすときに場所すらも変えてしまったのかもしれない。彼らは事故の現場を自分たちに近づけ、サンタンデールからオンダロアへと移した。記憶が、苦しみをより間近なものにしたのだ。〟

（キルメン・ウリベ著　金子奈美訳『ビルバオ−ニューヨーク−ビルバオ』白水社）

本書は画家アウレリオ・アルテタと建築家リカルド・バスティダ、そして作者キルメン・ウリベの祖父の足跡をたどりながら、たくさんの記憶と思い出を集めてまわる、時間旅行のような作品である。アルテタの描いた1枚の絵にインスピレーションを得て、小説家キルメン・ウリベは取材の旅に出た。

スペイン・バスク自治州の港町オンダロアで生まれた作者は、祖母や親戚から１９０８年に起きた悲惨な海難事故の話を聞いていた。「帆船サン・マルコス号が沈没し、彼女の祖父カヌートと伯父イグナシオがオンダロアの入り江で溺死したが、死体は見つからなかったという話」だ。しかし、実際の事故の記録を調べてみると、彼らが「命を落としたのは、オンダロアの入り江ではなく、西に百キロ近く離れたサンタンデールの沖合」であった。死者は計28人、沈没船は付近を捜索していた蒸気船に引き上げられた。

たくさんの人が同時に共有し、その後何度も語り継がれてきたはずのことでも、こんなふうに作り替えられてしまうのだ。これは、想像力というよりも、「こうあってほしい」「こうだったはずだ」という人間の「解釈力」の作用ではないだろうか。私たちは過去の出来事をくり返し再解釈する。そして、自分たちにとってより大切なものになるよう、構成し直すのだ。エピソードの変更は、作者の洞察の通り、常に「現在」を生きている私たちと、過去の出来事との、関係性の変化を反映している。最初、その事故は純然たる「同時代人のあいだでの事故」だった。時間が経って、それは「父祖の苦悩の物語」という意味を持った。「父祖の苦悩」というテーマ＝意味に沿って、事故の状況は徐々に改変されたのだ。

星占いで用いる「時計の針」となる10星のうち、最もトリッキーな動きをするのが水星である。水星は地球から見て、年に三度ほど「逆行」する。軌道上を逆走しているように見える期間があるのだ。約3ヵ月に一度、一度につき20日前後繰り返されるこの現象には、更に面白いクセがある。黄経度上、毎回「3回前の逆行終了時の位置」付近で逆行が始まり、さらに3回おきに、その度数までがほぼ同じになる。

水星は思考や記憶、言語、取引、コミュニケーションを司る星とされている。水星逆行と、この「11ヵ月前に逆行終了した位置で逆行が始まる」というクセに、私は「物事の再解釈・記憶の上書き」のような人間の頭のしくみを連想せずにいられない。特にこの「逆行」が水瓶座で、他の星々と重なり合うようにして起こった2021年2月、私たちの記憶には、はげしいほどの「社会的再構成」が起こったのではないか、と想像したくなる。

一般に、水星逆行時は「コミュニケーションや交通機関の混乱、物事の行き違いや停滞、誤解、ミスや失敗が起こりやすい」とされる。その一方で「失われたものが戻ってくる、再会する時間」とも言われる。ただ、こうした混乱には、もうひとつ下のレイヤーが存在するような気もする。たとえば水星逆行時、私たちの心は意識の水面下で、記憶のページを逆向きにたどり、ひとつのストーリーを作ろうとするのではないか、ということである。思い出を紐解いて、ある程度分解し、部品を取り出して、大事な部分の印象が強まるよう脚色し、ストーリーにまとめる。まるで、小説を書く作業のようである。

私たちの心が勝手にそういう作業を進めるので、現実の生活は混乱する。混乱が収まる頃には、新しいストーリーが生まれている。

今回の逆行から11ヵ月前の水星逆行時は２０２０年2月後半から3月上旬、私たちが「コロナ禍」に本格的に足を踏み入れた時期だったように思われる。２０２１年2月、私たちはあくまで深刻な「現在」を必死に生きつつ、無意識に過去の出来事を再構成したのかもしれない。それは「事実」の枠をはみ出して、私たちにとっての「真実」になったのかもしれない。１００キロもの距離を引き寄せられた、あの事故のように。

＊＊＊

蟹座は「記憶の星座」とされる。記憶は私たち自身に一番親しいものだ。しかし、それは決して私たちの意のままにならない。「絶対に忘れないよ！」と誓い合った思い出を、いとも簡単に私たちは失ってしまう。あの俳優、あの作品のタイトルが、「喉元まで出かかっているのに、出てこない」。頭の中に入っているはずの記憶が、自由には取り出せない。ふと漂ってきた匂いに反応して、びっくりするほど鮮やかな思い出が一気に蘇ることもある。「自分がそれを記憶していたということを、知らなかった」という記憶もある。暗記したくて仕方がない単語がおぼえられず、どうでもいいCMソングがしっかりアタマに入る。さらに、記憶は書き換えられる。裁判所では常に「事実が争わ」れている。同じことを体験しても、おぼえている「事実」が人によって大きく異なるのだ。記憶の中では、右にあった建物が左に置き換わり、緑色だったはずの服が青く変色してしまう。辛い思い出は封印され、どうしても思い出せない。嬉しかったことだけが蘇り、また同じ辛さを繰り返してしまうこともある。

蟹座、蠍座、魚座の3星座は「水の星座」だ。「水」は星占いの世界で、感情や情愛、共感、無意識などを象徴する。実はこの3星座の管轄するのは、「他ならぬ自分自身の内側にあるものなのに、人間の意志の力ではどうにもならないものたち」なのだ。蟹座は記憶と共感、蠍座は欲望や生命力、そして官能と生死、魚座は無意識と夢、犠牲と祈り、そして癒し。理性や論理や科学や根性ではどうにもならない人間の苦しみの源泉が、水の星座の支配下に置かれているのである。

さらに、蟹座はパトリオティズムやナショナリズム、蠍座は遺伝、魚座は宗教とも関連が深い。これらもまた、人間が決して意志の力で選び取れないものたちだ。宗教は選べるはず、と思う向きもあるだろう。しかし、なんらかの信仰を得ること、「信じる」ことは、人間の力ではどうにもならぬ「神の恩寵」「他力」によって可能になると説明されることがあるのだ。確かに、「信じるか・信じないか」は、意志の力でコントロールすることなどできない。たとえば陰謀論に囚われた人を見れば、それがよくわかる。何かを信じることは、心の奥深くから湧き上がる力であって、夜見る夢をコントロールできないのと同じくらい、「選択」などできないのだ。

人の心の中にある思い出が、人の「ルーツ」の感覚と結びつく。私たちは生まれ落ちた場所の文化や言語を否応なく背負わされて生きる。「ルーツ」はそのまま「アイデンティティ」に転化していく場合が多い。「肥後もっこす」「薩摩隼人」「大阪人」など、地域とアイデンティティを結びつける考え方は、流動性に富むとされる現代社会においても、まだ完全には廃れていない。この感覚もまた「選べない」ものだ。これらの感じ方は、蟹座の世界観に属している。蟹座的帰属意識は、頭で考えられたものではなく、深い記憶の地下水から起ち上がってくるものなのだ。

実は私も、蟹座の太陽のもとに生まれている。しかし私は幼い頃から、あちらこちらと引越を繰り返した結果、「自分はこの土地・この家に生まれ育った者だ」という帰属意識を抱き得なかった。私はどこに行っても「外から来た人間」である。帰るべき場所も、なつかしいふるさともない。生まれつきの旅人のように感じられる。なのになぜか私はずっと長いこと「家に帰りたい」と思い続けてきた。子供の頃の「家」のイメージは、そこにはない。子供の頃の「家」は、辛く苦しいことばかりだった。「家」は私の記憶の中にはなくて、未来の希望としてある。「いつか、家に帰りたい」。この思いが叶えられる日が来るとも思わないのだが、自分に蟹座的なところがあるとすれば、これなのではないか、と考えている。

獅子座 ― 表現の星座

〝この間に著者は実に思いがけないほど方々からこの書に対する要求に接した。写したいからしばらく借してくれという交渉も一、二にとどまらなかった。近く出征する身で生還は保し難い、ついては一期の思い出に奈良を訪れるからぜひあの書を手に入れたい、という申し入れもかなりの数に達した。この書をはずかしく感じている著者はまったく途方に暮れざるを得なかった。〟

（和辻哲郎著『古寺巡礼』岩波文庫）

「若書き」。それは、脂汗と赤面と、そして「もう二度と同じようには書けない」という絶対的な喪失感のぎゅうぎゅう詰まった、なんとも言えない言葉である。私はまだ46歳だが、20代30代の頃の自分の原稿を目にすると、まったく冷静でいられない。

『古寺巡礼』は大正7年、29歳の和辻の体験を元にまとめられ、翌年上梓された。それから月日が経ち、57歳で大幅に手を加えて改めて出版された。引用部は改訂版のほうの序文である。2012年に「初版」がちくま学芸文庫からでており、改訂版の岩波文庫と「照らし合わせ読み」をしてみたら、妙な背徳感が湧いてきた。初版は、和辻の若き日の感激に溢れている。「見よ、見よ、」といった呼びかけ、思い切った断定、陶然、没入、それを理解せぬ者達への剝き身の怒り。初老の著者はそうした熱量を「はずかしく」感じる。僭越《せんえつ》ながらその気持ち、よくワカル(!!)。しかし読者はむしろ、そのむきだしの激情をこそ求めていたのだ。

読み進むうち、あるマンガのことを思い出した。佐々木倫子『チャンネルはそのまま!』(小学館)のエピソードだ。舞台は北海道のテレビ局で、生放送の情報番組にクラシックのヴァイオリニストがゲスト出演する。インストゥルメンタルの演奏に、カメラワークを割り振るのがなかなか難しい。そこで、主人公の雪丸花子はある秘策を思いついた。この「秘策」により、スタジオのスタッフは全員、スタジオでの演奏に滂沱《ぼうだ》の涙で感激する。スタッフの感激が、ヴァイオリニストに伝わる。「私の演奏は――伝わっている!!」。この手応えを得て、彼女の演奏はノリにノる。その結果、テレビの前の視聴者にも、感激の大波がめでたくざぼーんと押し寄せていったのであった。

芸術作品がある。音楽の演奏がある。それを受け止めて、私たちは「感動」する。でも、本当に「それだけ」なのだろうか。芸術と自分、一対一の関係の中だけで、感動は完結しているのだろうか。なぜ、出征を控えた青年は、和辻の「手引き」を求めたのだろう。単にガイドブックが欲しかったのなら、他にも選択肢があったのだ。彼らが欲しかったのは「情報」ではなかった。和辻の感激を受けとって、自分も同じ感激を生きたいと望んだのだ。『チャンネルはそのまま！』のエピソードでゆくと、和辻は画面には映らないスタッフの位置にいる。あくまで画面に映し出されているのはヴァイオリニスト／美しい仏像なのだが、それを見るものは、他者の感動を「介して」、自分の中に感動を燃え移らせている。バースデーケーキのロウソクの最初の1本は、ライターで点火される。その最初の炎が、他のすべてのロウソクにゆきわたる。

現代社会では、感動はもはや「商品」でしかないようにも見える。しかし、あとで自分が恥ずかしくなるほどに爆発する激情は、はたして「商品」として意図的に製造しうるものなのだろうか。その後長い間受け継がれていくような「激情のほとばしり」は、人間のコントロールを超えた所にしか生じない。2021年には1年遅れでオリンピックが開催され「感動」の2文字がメディアに溢れた。スポーツの感動は、おそらくその勝ち負けが人間の意図的なコントロールの外側にはみ出すところに生まれるのだろう。本物の「感動」は人為の及ばぬところにしか生じないのではないか。自分が「2番目以降のロウソク」である場合も、1本目が巧まずして燃えているのでなければ、その火は燃え移ったりしない。人間は「感動しようとして感動する」ことはできないのだ。しかし、「他者を感動させよう」とする人々はいる。表現者がそれである。

＊＊＊＊

獅子座は「自己表現の星座」だ。たとえば演劇や華麗なファッションなどは、獅子座の管轄とされている。ただし獅子座は「鎧の星座」でもある。ヘラクレスのまとったネメアの獅子の皮が「鎧」なのだ。表現とは、内なるものをただ簡単に外に出すという作業ではない。むしろ、内なるものを覆い隠すところから表現が始まる、と言ってもいい。俳優の「優」という文字は、面をつけて舞う人を表すという。感情は鎧や仮面の内側に隠されている。しかし、その「表現」を観る者は、鎧や仮面の内側にあるものに触れたいと願っている。表現する者は仮面や鎧をまといつつ、むきだし以上に「伝わる」感動を実現しようともがく。

勇者ヘラクレスの神話は、悲しみと痛みに満ちている。夫ゼウスの不義の子であるヘラクレスを憎んだ女神ヘラは、彼にひたすら試練を課した。自分の罪でも何でもないのに、ヘラクレスはその試練を粛々と受け止め、乗り越えていく。ヘラクレスという名は「ヘラ女神の栄光」という意味合いがあるそうだ。母なるものの暗い面、グレート・マザーを乗り越えていく試練の道が、ヘラクレスの歩いた道なのだろうか。

彼は無双の怪力の持ち主だが、そうした孤独な、傷つけられた内面の持ち主でもあった。彼は生身の人間としての弱さを、百獣の王・獅子の皮によって覆い隠し、守った。そして、自分の強さだけを獅子の皮と重ね合わせ、世に顕していったのだ。彼の死もまた「身にまとうもの」からくる。毒をしみこませた下着を贈られて、彼は苦悶の末に息絶えた。

誰よりも強い勇者の物語が、これほどの苦しみに満ちているのはどうしたわけだろう。日本の神話においても、ヤマトタケルの物語は肉親との確執から始まる。英雄がもし、幸福に生まれ、各地の問題を力で解決していくだけだったら、どうだろう。もしかすると、人の心に強い印象を残す「英雄」にはなりきれないのではないか。

獅子座は太陽の星座である。獅子座の星のもとに生まれた人々は、強く明るく、多くの場合おだやかで、物事に肯定的で、自分の望むところに至極正直である。この人たちの弱みを握るようなことは、ほとんどできない。彼らは決して、弱みを見せないのだ。ヘラクレス同様、獅子の皮を被って、いつもキラキラと輝いていようとする。彼らが愚痴を語るようなときにも、その語り口はほとんど、悩んでいるようには聞こえない。悩み苦しんでも、既にそれを乗り越えて、自己完結しているように見えるのだ。

しかし、それは「そう見える」だけのことである。実際は彼らも悩み、苦しみ、涙を流している。その姿は獅子の皮の内側に隠れていて、ごく近くにいる人にさえ、よく見えない。

獅子座が「表現の星座」である所以《ゆえん》は、もしかするとその「見えない苦しみ」にあるのではないか。獅子座の人々は強さを表現する。彼らは弱いところは見せないのだが、その内側に隠された悲しみや痛みによって、なぜか人の心に強い印象を残す。愛され、頼られる。太陽は全ての物事を明るく照らすが、太陽のすぐ近くにあるものは、よく見えない。太陽は物事を見えるようにすると同時に、「見えなく」もするのだ。獅子座の世界には、見えないものがある。でも、ヘラクレスやヤマトタケルの物語のように、その輝かしさの向こうに「何かがある」ことを、周囲の人々は察知するのだ。しかしその「察知」は、どうして成立するのだろう。

かつて友人の劇作家、阿藤智恵氏に、私はこんななやみを語ったことがある。「自分が書いたモノや喋ることに、お金を払ってもらうことが、どうにも受け入れにくい。自分の言葉にそんな価値があるとはどうしても思えない」。すると、彼女はこんなふうに応えた。自分もそのように思ったことがあるが、ある時気づいたのは、来てくれる人たち、お金を払ってくれる人たちが受け取るもののことは、私たちにははかりしれないのだ、と。お客さんが納得して支払う対価が何のためのものなのか、お客さんの中に何が起こってその対価が支払われているのか、私たちには全部はわからない。でも、そこにはなにかはかりしれないものがあって、そこに納得してお金を払ってくれているのだ、と。

もし、ただストーリーがあればいいだけなら、生身の人間が人前に立って台詞を言い、動く必要はない。そんなコストをかけなくとも、ただ文章が示されればいい。しかし、「表現」の世界では、それ以上のことが常に行われている。いかにヘラクレスが強い獅子の皮を被って自分の力を誇示しようと、その姿を目にした人々は、彼を責めさいなむ運命の悲しみを感じとる。彼が獅子の皮を被っているからこそ、そのことを敏感に感じとる。

「表現」にはそんなふうに、常に「はかりしれないこと」がつきまとう。表現者には「はかりしれないこと」を、見るものが受け取り、そこに感動が生まれ、更に伝播していく。成熟した和辻が隠したがった若書きの感動も、まさにそのひとつだろう。獅子座の「表現」には、そんな「はかりしれないもの」が含まれているのだと私は考えている。

獅子座　―　王者の星座

〝トランプ占いで自分の切迫した宿命を読み取るにもかかわらず、星やコーヒーの粒子の中に殺人、とはっきり書き出されているのを見るにもかかわらず、カルメンはホセの匕首を避けるための何らの手だても講じない。自由への欲求は愛よりも恐怖よりも強いのだ。彼女は暗い、しかし同時に楽しんでいるような威厳をもって、死に近づいてゆく。彼女は自分の命を助けるための嘘をつくことも拒む。「そんなやっかいなことは、もうしたくないのさ」。騙すことは一種の隷属なのだ。〟

（ジョージ・スタイナー著　由良君美他訳『言語と沈黙』せりか書房）

メリメの創造した永遠不滅のキャラクター、カルメンを語るスタイナーの口調は、カルメンの魂が乗り移ったかのように熱い。否、カルメンに惚れぬいたドン・ホセの興奮そのままに、火花を散らして煌めいている。世界中で愛される彼女の魅力の本質を、スタイナーは「死というものの軽さ」に見ている。強い女、自由な女、愛すれど媚びぬ女、裏切っても嘘をつかない女。誰もが恐れるはずの死を恬淡と出迎える女は、常識的には異様である。なのに、この人物の印象は世界中の読者を魅了したのだ。スタイナーによれば、それは誰の心にも、絶対的な死という恐怖の虚構を暴きたい思いがあるからだという。「何びとの心にも、ある時点においては、死をあなどる考え、単なるしつこい案山子、ないしは、われわれの自由の戸口に立つ乞食に過ぎない「天のお召し」の正体を曝露してやりたい、という考えがひそんでいるものなのだ。」。カルメンはその「考え」を映し出す鏡であり夢なのだと、スタイナーは言う。

一般に、占いは未来の危険に備えるために行われる、と考えられている。しかしカルメンは占いをしても、そこに示された「未来の危険」には、備えない。彼女には、自分に何が必要なのか、自分がどう生きたいのか、ちゃんとわかっているからだ。ではなぜ、彼女は何度もコーヒー占いをしたのだろうか。メリメはただ物語をドラマティックにするために、あるいは、彼女の「生活」のリアリティを描くために、占いの描写を入れただけなのかもしれない。一般に、男性作家の作品に登場する女性の登場人物の多くは、作家のアニマを映し出している。男性原理とされる「理性」が受け付けぬ神秘、不可知の世界に憧れる気持ちが、そこに現れていたとしてもおかしくない。死も、神秘も、占いも、全て同じ不可知の世界のいきものたちである。メリメにとって、カルメン自体が不可知の世界の住人だ。カルメンが占いの結果や死を恐れるわけはないのだ。幽霊が幽霊を怖がるわけはないからだ。象徴的世界観において、カルメンの魅力と死は、同じ王国の国民で、ひとつのものなのだ。

獅子座は王者の星座であり、肯定の星座である。暴力をもって脅迫されても隷属を拒むのは、王者の発想だ。「誰にも従わない」人間は、自分自身をこの世の王として生きる。誰の言うことも聞かないカルメンに惚れ抜いたドン・ホセは、彼女の忠実なしもべとして、哀願を重ねながら付き従う。カルメンはドン・ホセに、常に演劇的にふるまっている。でも、彼女の演劇的なアピールの向こうにはいつも、彼女の恋人への愛着がある。その愛着は強まったり、弱まったり、ロマの経済原理に常に揺さぶられたりしながら、殺される直前までずっと彼女の心にあって、ドン・ホセは彼女がどんな芝居をしようとも、その愛着をずっと感じとっていたのだ。彼女が最後に「もうあんたに惚れていない」と突っぱねたときでさえ、彼におとなしく殺されてやる姿の中に、読み手としては彼への愛を透かし見ないではいられない。

星占いの世界には、「サイン」と「ハウス」という2つの区割りがある。地球から見上げた空に太陽が1年でめぐる黄道を、春分点を基準に割るのが「サイン」だ。一方の「ハウス」は、ある瞬間の東の地平線と黄道の交点を基準に割る。どちらも12分割である。サインのスタートは牡羊座、ハウスのスタートは「第1ハウス」である。両者には深いつながりがあるという説と、ほぼ関係がないという説、2つのスタンスが存在する。「つながりがある」と考える側は、「第1ハウスのナチュラルサインは牡羊座」と呼び、両者の解釈を明確に重ね合わせる。第5ハウスの「ナチュラルサイン」は獅子座、第5ハウスは「愛」を管轄する。「獅子座は愛の星座である」、という言い方が、この場合に成り立つ。

獅子座がもし、愛の星座であるなら、獅子座の愛はカルメンの愛のようなものを言うのだろうと私は考えている。彼女の愛は完全な自由を勝ち得ている。彼女の愛は人質に取られたりしないし、人質を取らせもしない。こんな愛が一体、現実に存在しうるものだろうか。

愛は人間の最大の弱点であり、最大の力でもある。戦場に向かう兵士の多くが「愛する人を守るため」と口にする。虫も殺さぬ優しい人間に武器を持たせる力が、愛なのだ。でも、カルメンの愛は、そこには向かわない。

ドン・ホセとカルメンは、限りなく対照的に描かれる。愛にどこまでも縛られていくのがドン・ホセで、どんなに愛しても決してその愛に縛られずにいるのがカルメンだ。でも、彼らの行動方針は鏡映しのようである。曰く〝「わたしという女は、人に何かしてはいけないと言われると、さっさとそれをしてしまうたちだから！」〟〝彼女に出てゆけと言われると、いつも私は出てゆけなくなるのでした。〟（メリメ著　堀口大學訳『カルメン』新潮文庫）。

であれば、何者にも縛られぬように見える彼女も、実際には、何かに縛られていたのではないか。それを敏感に見抜き、最終的に殺害という形で解き放ってやったのが、ドン・ホセだったのではないか。

わざとらしいほど演劇的な彼女の哄笑の向こうにずっとあったもの。獅子の皮の下に隠れた英雄の涙。彼女は本当は、何度もコーヒー占いをするほどに怯えていた。そのコーヒー占いの結果に、確かに怯えていた。だから、彼女は何度も占い、そのあとに、カスタネットを打ち鳴らした。〝何か忘れたいいやなことがあると、いつも彼女はこうするのでした。〟（同前）。

獅子座の太陽のような肯定や、自分の望むところに正直な態度や、他者に対するおおらかすぎるほどの寛容は、何かを隠している。王者は常に本心を隠している。すべてを誰かに見せることはない。ゆえに彼らは孤独なのだが、その孤独は、愛のために敢えて選び取られている。

乙女座 ― 仕事の星座

〝私としては「芝居？」と当惑してしまいました。「何のために芝居をやりたいのか。もっと役に立つことをやらせてもらえないか」と言うと、あなたは何もわかっていない、という目で見返されてしまいました。そう、何もわかっていなかったのです。〟

（スーザン・ソンタグ著　木幡和枝訳『良心の領界』NTT出版）

ボスニア・ヘルツェゴビナ紛争のさなか「なにかできること」を求めて、スーザン・ソンタグはサラエヴォに入った。学校は開かれていたので、英語の教師をしたり、あるいはタイプライターを打つ事務仕事とか、看護助手などができるのではないかと思っていた。しかし、現地の人に自分のできることについていろいろ語ったところ、かえってきたのは「それじゃあ、劇を演出してくれないか」という要望だった。彼女はがっかりした。もっと「役に立つこと」がしたかった。病院など、最前線で活躍したかったのだ。

しかし、現地の人々はそれに反論した。

〝そうじゃない。我々はたんなる動物ではない。水の配給やパンを求めて長い列に並び、銃撃され、地下に隠れ、殺され……それだけじゃないんだ。ここにも何らかの芸術活動があるべきだ、それが自分たちの尊厳を支えてくれる。〟

〝芸術は我々の尊厳の証であり、芸術は我々の過去を思いださせてくれ、より良い未来が来る予感を与えてくれる。外には広い世界があり、我々の苦悩を超えた何かがそこにはあることに気づかせてくれる。〟

この短い稿の中での引用としては、少々長すぎたかもしれない。この稿を書いていた2020年4月、「コロナ禍」の入り口でこれらの文を写しとりながら、涙がにじむような深い感動を味わっていた。

4月7日、日本では7つの都府県につき、緊急事態宣言が出された。実施は8日。ちょうど満月の時間帯であった。満月は星占いの世界では、「物事が満ちる」タイミングであり、ピークに達する時間であり、節目であり、ターニングポイントである。これは因果関係ではない。占星術家の多くが「照応（correspondence）」と受ける現象だ。天で起こることと、地上で起こることを照らし合わせたとき、双方が呼び合っているように見える、という現象である。もちろん、科学的根拠などは（今のところ）ない。

「命が大切」「身を守れ」「経済的補償を」と叫ばれる一方で、ミニシアターやライブハウス、バーなどが息の根を止められようとしていた。補償やサポートを求める声が次々に上がっていたが、その一方で否定的な声も見かけられた。衣食住、人間の生命以上に大事なものはない。音楽や芸術など、二の次三の次なのだから、ガマンしていろ。そういう声も少なくなかった。だが、ほんとうにそうだろうか。

人々が狭い場所に閉じ込められ、旅することもままならない時間にこそ、人々は知を愛し、芸術を愛し、文学と物語を愛し、ドラマを、旅を愛していることを痛感するのではないか。スーザン・ソンタグがサラエヴォで体験した「尊厳」への渇望を、私たちは「コロナ禍」を通して体験したようにも思える。人はパンのみにて生くるにあらず。人間の尊厳、「外の世界がある」という希望は、文学や芸術に支えられうる、ということを、このところ私たちは、忘れがちだったような気もする。希望を失うということは、生きる力を失うことに通じる。未来に絶望しないための力がどこにあるか、それを教えるのが芸術であり、最も広い意味での「教育」なのではないか。

＊＊＊＊

エンターテインメントとしての占い記事にはしばしば「適職」が示される。双子座なら小説家、獅子座なら俳優、射手座なら冒険家、といった、星座の世界観に合った職業が並ぶのだ。ソンタグが戦地に入る前に想定していた仕事、すなわち英語の教師、タイプライターを打つ事務仕事、看護助手などはすべて、星占いの世界では教育と実務を司る乙女座と関係が深い。もちろん、完全に乙女座の象意ということではなく、たとえば外国語は射手座や魚座、言葉を扱うのは双子座、看護は乙女座だけでなく魚座や蟹座にも関連付けられるだろうが、「人を教え導くこと、人のサポートをすること、手を動かして仕事をすること、ケアすること」というテーマは、すべて乙女座的と言える。

しかしもちろん、「乙女座生まれの人はみんな学校の先生や医療従事者や事務員になる、他の仕事をしても、うまくいかない」などということはない。すべての星座に、優れた実務家、優れた芸術家、優れた発明家、その他諸々がちゃんと存在する。たとえば蟹座は「母性的、保護者的」などと言われるが、蟹座生まれの私は人どころか鉢植えの花でさえうまく育てられない。すぐに枯らしてしまう。子供もいないし、家事は不得意だ。

では、職業と「星座」は何の関係もないのか。科学的には（少なくとも今のところ）、関係がない。しかしながら職業とその人の「適性」を考える時、占いのシステムは（当たっているかどうかは別として）なかなか面白い考え方を表現している、と思うことがある。

というのも、同じ職業であっても、その職業に携わる人によって、本質的に「やっていること」はみんな違っているのだ。たとえば同じ学校の先生であっても、生徒全員の学力を向上させることを目指している人もいれば、生徒の心の安定を目指している人もいるだろう。もちろん「教科を教えている」ことに変わりはないが、学生時代を思い出してみると、ひとりひとりアプローチが違い、考え方が違い、教え方も違っていた。どのやり方が正しくてどのやり方が間違いということはなかった。星占い的に言うならば、蟹座的な仕事をする先生もいれば、山羊座的な成果をあげる先生もいる、ということである。同じ「野球選手」でも、ポジションによって全く特性が違うし、さらに「才能」についても、肩の強さや足の速さを活かす選手もいれば、パワーを持ち味とした選手、丈夫さや知性を武器にする選手など、実に様々だ。さらに、同じ「運動神経」でも、ダンサーに向くものとアスリートに向くものは大きく異なると聞く。星占いのしくみは、当たっているかどうかはさておき、そうした現象を説明しようとする。職業の内容と、人間の適性とが、もっとダイナミックにつながっていることを示そうとするのだ。

乙女座は、「仕事の星座」とも言える。こう書くとなんだかワーカホリックな星座だとか、夢がない、散文的でつまらない星座だと感じられるだろうか。決してそういう意味ではない。乙女座は非常にクリエイティブで、ゆたかな星座である。特に引用したスーザン・ソンタグの体験は、その全体が乙女座的な雰囲気に満ちている。彼女は一般的な「太陽星座占い」では「山羊座の人」だが、そのホロスコープを詳細に見ると、乙女座にたくさんの星を集めているのだ。乙女座は、他者のニーズに応えたいという強い熱望を抱いている。役に立たないことなど、したくないのだ。しかし「役に立つ」とはどういうことか。彼女は実際に戦場に行き、最も重要な「ニーズ」を捉えようとした。そこで「演劇を！」というニーズに出会った。

仕事には、仕事をする人間と、その仕事を受け取る人間がいる。自分のためだけの行為を「仕事」とは決して呼ばない。仕事は自分以外の誰かの手に届いて初めて仕事となる。乙女座は「仕事の星座」である。ゆえに、まず他者のニーズが問題になる。何が求められ、何が必要で、どうしたら役に立つのか。他者の意向や状況を見極めるところから、仕事は出発する。これは、他人に振り回されるとか、人の言うとおりにするとかいうことを意味しているわけではない。もちろん、未成熟な乙女座の世界観では従順さ、隷属、軍隊の規律などが散見される。制服や軍隊は乙女座の管轄なのだ。しかし、成熟し主体性を備えた乙女座的世界観では、ニーズを捉えることと自ら仕事を行うことは、誰の命令も受けない真に創造的な活動である。客観的正解が、そこにはないからだ。

「芸術は我々の尊厳の証であり、芸術は我々の過去を思いださせてくれ、より良い未来が来る予感を与えてくれる。外には広い世界があり、我々の苦悩を超えた何かがそこにはあることに気づかせてくれる」。戦地の人々のこの言葉は、「芸術」を「教育」「勉強」と置き換えても成立するように思われる。芸術というものが、人の心に内在する強いニーズを目覚めさせ、そこに熱い衝動を流し込むものであるならば、これも広い意味では「教育」と言っていいのではないか。「教育」とは、一般的には大人が子供を望ましい方向へと矯正していくような作業とイメージされがちだ。だが本当の教育とは、人に尊厳を与え、過去の歴史を教え、より良い未来を作りうることを指し示すものではないか。狭い視野の外側に大きな世界が拡がっていて、人間には苦悩を乗り越える力があることを教えるのが、本当の教育ではないか。

教育とは、理想的な型枠に人間を塡め込んで成形しようとするような作業ではないはずだ。乙女座の人々はこの世にあるものごとの多様性、変容の可能性を捉えようとする。そして捉えるだけでなく、それに「応えよう」「応じよう」とするのだ。乙女座の「仕事」とはそういう作業を意味する。ゆえに芸術もまた、立派な乙女座の「仕事」たり得るのである。

乙女座 ― オペレーションの星座

〝「綱を放してもいいぞ、手よ。おまえがまともな状態にもどるまで、右腕だけでやつをあしらってみせるから」〟

（ヘミングウェイ著　高見浩訳『老人と海』新潮文庫）

先日、毎日新聞の読者投稿欄に、脳梗塞の後遺症で手に麻痺が残った77歳の女性の話が載っていた。リハビリの目的で以前習ったピアノを弾いてみることにしたが、やはり麻痺した左手はうまく動かない。「私は薬指をクーちゃん、小指をコーちゃんと名付けて辛抱強く特訓している。この2人の子供たちは頑固で、ぐずることが多いが、最近ようやく伴奏らしき音になってきた。この2人の成長が楽しみだ」と書かれていた。

この手記を読んで思いだしたのが、『老人と海』の引用部である。一人で海に出て漁をしていた老人サンチアゴの仕掛けに、カジキが食らいつく。彼はなんとかこの大物をモノにしようとするが、激闘のさなかに左手が攣《つ》ってしまって、動かなくなる。老人は苛立つが、しかしだんだん、左手に優しく語りかけはじめる。ケガをした仲間にするように、「どんな具合だ、手よ？」と尋ねるのだ。

動かない、自分の手。それが紛れもない自分の一部であるからこそ、イライラし、「なぜ動かないのだ！」という気持ちになる。でも、それに名前をつけたり、話しかけたりしながら、「なんとか動こうよ」と励ますうちに、まず苛立った気持ちが静まる。そうだ、その手はたしかに自分の手なのだが、自分にはどうしようもできない部分がある。主である自分の命令通りに動かないということは、そこに他者性が備わったということなのだ。猫や犬が飼い主の思い通りには動かないのと同様、手足もまた、それぞれの都合でこちらの言うことを聞かない場合がある。手足を他者だと「設定」したとき、そのことを受け入れやすくなる。世界と自分との関係が再設定され、一度停止したものごとが、新たに動き始める。

乙女座というのは面白い星座で、知性の星座でありながら感性の星座であり、身体性の星座でもある。面倒見の良い教育者やケアラー、鋭い分析家、拘りの強い調香師の星座である。また前章にも書いたとおり、「乙女」の名を頂きつつも、「軍隊・兵隊」と関連付けられる。規律の星座、実務の星座、制服の星座なのだ。乙女座にはあらゆる意味で「オペレーション」という言葉がとてもしっくりくる。

「リクツではコントロール可能なはずでも、現実的なオペレーションはうまくいかない」とは私たちが日常、よく経験する現象である。とはいえ「現場だけのリクツ」で物事を動かそうとすると、こちらも弊害が起こる。その世界は外界に対して閉じ、タコツボ化し、先鋭化し、内部崩壊する。学級崩壊や軍事クーデターなどは、「現場」が外界に対して閉じきったところに起こるものなのではないか。どちらにも「制服」のイメージが重なる。閉じつつある場所では、人々は制服に限らず、みんなが似たような服装をしている。

後遺症で動かない薬指クーちゃんと小指コーちゃん、酷使の末に攣ってしまった左手。それらはもはや「他者」であり、「外界」である。全てが自分の思い通りにコントロールできていたあいだは、自分という認識は外界に対して閉じたままだ。その閉鎖空間が「動かない手」という絶対的現実に破られる。動かない手に優しく語りかけるのは、気休めではない。その向こうの外界に出て行こうとする、理性的で知的な、心の開かれである。他者がいるのは外界だからだ。乙女座は星占いの2つのエリア区分「内界・外界」の、内から外へ出て行く扉のような場所だ。学校を卒業して社会に出て行く場所、春と夏が終わって秋と冬の世界に向かう場所が、乙女座のポジションなのだ。星占いの世界では、「現実と向き合う」ことは、「外に出てゆく」ことへと続いている。

＊＊＊＊

乙女座は、他の呼び方では「処女宮」となる。処女とは、性交を一度も経験していない女性を意味する。もっと狭い意味では、膣内挿入を経験しない状態を指す場合もある。人間の身体、ひいては自分自身の身体が、生まれつき「他者からの侵入・他者への侵入を前提として作られている」と知ったとき、私は強い驚きを感じた。多くの動植物にとって生殖というのはそういうことなのだが、「自分」という個体が自分一人のものとして完結していない、という状態は、一体どう考えたらいいのか解らないという気持ちになった。自分の中に、自分以外の誰かが入ってくることが予定されている。これはまるで「運命」のようではないか。もちろん、誰が入ってくるかはあらかじめ決まっているわけではないし、誰も入ってこない可能性だってある。しかしこの身体の中に、少なくとも自分では通ることのない道があるのだ。これは実に奇妙な事態である。

「処女性」というもの自体、まことに奇妙な、幻影のごときものである。文化や時代によってその意義や価値は大きく異なるようだが、処女性はおおむね珍重されている。聖母マリアの物語などは、そのことをあけすけに表している。「処女」は、その状態が破壊され剝奪される時に最も大きな価値を持ち、一瞬の打ち上げ花火のように価値ある状態が消滅する。「新築物件」とそれはよく似ていて、最初の一人が住んでしまったらもうそれは新築ではなくなる。誰も住まなければ意味がないが、誰かが住んだらもう新築ではない。そして、処女性の喪失にはかならず、当人以外の誰かがコミットする。たとえば物理的に己で処女膜を破壊したら、その人は「処女性を失った」と見なされるだろうか。たぶん、そうはならないような気がする。

実はこの「処女性」のしくみは、ホロスコープの並び順にもちゃんと表れている。乙女座の次に来るのは天秤座、この星座は結婚を象徴する。その次の蠍座は性的欲望と関連付けられている。処女宮は、天秤座と蠍座のテーマの「予定」のもとにあるのだ。双子座、射手座、魚座は「ダブルボディーズ・サイン」の言葉通り、物理的に

「ダブル」である。しかし乙女座は、その性質、しくみにおいて「ダブル」なのである。処女性は「性交したあとの状態」からしか定義できない。性交する前の女と、性交した後の女がいて、両者は一人の人間であるにもかかわらず「同じではない」と見なされる。さらに、処女性が失われる場にはかならず「他の誰か」がいる。その処女性を破壊した人間と、その処女性に触れ得なかった人間がいる。

私たちは身の回りに起こる多くのことを、「そういうものだ」と受け取る。深く考えないし、周囲の多くの人々が受け入れているように受け取ろうとする。ならいおぼえ、それを正しいと感じ、「常識」と呼ぶ。性的なものごとは特に、そうした部分を多く含んでいるように思われる。明文化して教育する、といったことがまだ、少なくとも日本では全く浸透していない。

性は隠されねばならない。人の尊厳と密接に結びついた、デリケートな行為であり、プライベートは厳重に守られねばならないのだ。しかしなぜか、マスコミュニケーションは著名人の性にまつわるプライベートを扇情的かつ批判的に報道し、恬として恥じない。それを喜んで視聴する無言の人々が、圧倒的にたくさん存在するからだ。彼らの清潔で「正しい」態度は薄い皮膜のようなもので、その向こうにある絶大な社会的欲望を不器用に隠しているだけなのだ。このような矛盾した態度も、「両義的」と私は呼びたい。

乙女座は、両義的な星座である。処女性というもの自体も、それにまつわる歪んだ道徳も、どこまでも両義的である。

〝このおとめ座は、古代バビロニアの星座である「畝（furrow）」と「葉（frond）」という二つの星座で作られています。これら二つの星座は、古代エジプトのプトレマイオス朝時代のデンデラ・ハトホル神殿の天体図に描かれています。しし座であるライオンの尻尾を両手でつかんでいる女性が畝という星座を表しています。（中略）葉という星座は、手に葉を持った女性の姿で描かれています。〟（近藤二郎著『星座の起源　古代エジプト・メソポタミアにたどる星座の歴史』誠文堂新光社）

占星術における「ダブルボディーズ」の定義と、この古代の図に関係があるかどうかはわからない。ただ乙女座も「ふたり」だったことがある、というのはとても興味深い。特に、ライオンの尻尾をつかみ、その上に乗っている女性の図を見たとき、私はタロットカードの「力」の図を思い出した。「力」のカードには、獅子と、それを宥めるたおやかな乙女が描かれているのだ。

乙女座の象意には「穀物、豊穣」がある。この星座を太陽が通る頃、穀物が実り、収穫が始まる。さんさんと輝く、ともすれば生き物を焼き尽くすようなパワフルな夏のエネルギーを、人間の細い腕が盛んに動いて収穫していく、ということなら納得の図象である。しかし、もうすこし想像をたくましくしてみる。人間が持っている「パワー」は、そのまま放っておけば非常に獰猛《どうもう》なものだ。人間が教育も統制もされなければ、自他を傷つける危険な存在となる。人間の力を抑制するのは、やさしい女性的な倫理である、というイメージがこのカードに込められているのではないか。人間の持つ力のみならず、全てのパワーは、愛ややさしさ、思いやり、他者や現実を解釈する力によって従えられて初めて、人間を益するものになりうる。強い力を持つ者ほど、やさしくなければならないのだ。乙女座は知性の星・水星に支配されている。乙女座は知の星座である。この「知」は、力を抑制し、正しくオペレーションしようとする。もし、人間の持つ力が知性や女性的な（と古くから考えられている）やさしさによって抑制されなければ、処女性など簡単に蹂躙されてしまう。

乙女座は、デメテルとペルセフォネの神話と結びつけられている。豊穣の女神デメテルの娘ペルセフォネは、花摘みの最中に冥界の王ハデスに連れ去られる。デメテルはいなくなった娘を捜し回り、冥王に連れ去られたと知って激しく憤る。彼女は娘の父でもある大神ゼウスに、娘を取り返してくれるよう懇願する。ゼウスはこれに応え、「もしペルセフォネが冥界でなにも口にしていなければ、帰してやろう」と請け合うが、ペルセフォネはザクロの粒を数粒、食べてしまっていた。ゼウスはこれを取りなして、1年の半分は娘を母のもとに帰し、残りの半分は夫のもとで暮らすように取り計らった。ペルセフォネが冥界から母のもとに帰ると、地上は明るい春と夏に恵まれる。そして、彼女が夫である冥王のもとにあるあいだは、デメテルの寂しさのままに、地上は秋と冬に覆われるのだ。

ペルセフォネは母の娘であり、一方で、夫の妻である。彼女は地上の存在であり、同時に冥界の存在でもある。ここでも処女宮は、2つの世界の間にある。乙女座に太陽が入ると、季節は夏から秋に向かう。大いなる季節の境目で、何もかもを奪おうとする力が、やさしく抑制され、賢くオペレーションされる。豊穣と喪失、強奪と制御。乙女座は様々なものの間に立ち、そのしなやかな手で調整を試みる星座でもある。彼女の眼差しの向こうにはいつも、別世界に棲む「他者」がいる。

天秤座――他者と出会う星座

〝だが一大事の極みはな、うちの大将が真っぷたつにされちまったことだ、つまり昨日までの大将の半分になり、あとの半分はあの男のものになった、ご列席の皆々様の懇願と承認のせいでな。〟

（松岡和子訳『シェイクスピア全集14　コリオレイナス』ちくま文庫）

シェイクスピアの悲劇『タイタス・アンドロニカス』（以下『タイタス』）と『コリオレイナス』は大筋が似ている。戦争で大きな功を挙げた英雄が、味方から疎んじられて不遇の目に遭い、復讐を試みるが、結局は自分も滅びる。

しかし、両者には決定的な違いがある。前者は「人の話を聞かない・人に話をさせない」形で展開するのに対し、後者は随所で「交渉」がおこなわれ、少なからぬ人々が、自分の態度や意見を変えさせられるのだ。

『タイタス』では犠牲者は基本的に、話をきいてもらえない。主人公の娘・ラヴィニアに至っては、舌を切られて口をきけなくさせられる。一方の『コリオレイナス』では、無理目の交渉でもちゃんと状況が変わって、最終的に「ドボン」となる。『タイタス』（松岡和子訳）はその解説で、最初から最後まで同じモチーフがクレッシェンドで繰り返されていく話、まるでラヴェルの『ボレロ』のようだと評されている。これに比べると『コリオレイナス』は、カベにぶつかっては都度向きを変えながら話が進む、さながらビリヤードのような展開とも思える。

引用部は『コリオレイナス』中、もっとも重大な交渉の結果である。ついこのあいだまで激戦を繰り広げ打ち負かした敵将オーフィディアスに、勝者マーシアス（コリオレイナス）が頭を下げにいったのだ。命がけで守った自国を追われたマーシアスは、敵と組んで自分を追った者たちに復讐することを志したのだった。オーフィディアスは大喜びでこれを受け入れた。オーフィディアスの家来は二人の交渉の様子を見て、引用部のように歎息した。

交渉、議論、相談。私たちは日々、さまざまにコミュニケーションを重ねる。「情報通信」という言葉はごくなめらかだが、本当の「話し合い」とは、実は引用部のような痛烈で徹底的な喪失をはらむものではないか。「聞く耳」を持ったとたん、もともとの自分は真っぷたつにされ、もう半分が相手のものになる。この台詞には、現代を生きる私たちがつい目をそらしたくなるような、「話し合い」の残酷がむきだしになっている。

話し合おう、議論しよう、必要があれば自分の非を認め、これまでの意見を変える用意もある。こうした申し出は悲壮だ。一見して柔軟な優しさや冷静さを語っているように見えるが、実際は「自分自身が真っぷたつになってもよい」と言っているのだ。固く信じた意見を変えること、自信たっぷりに語っていたことを「ひっくりかえす」のは、限りなく苦しい。それによってコリオレイナスのように、信頼を失い、悲劇の陥穽《かんせい》に落ち込むことだってある。交渉は、危険なのだ。

しかし、その危険を冒してでも、話さなければならない場合があるのだ。

＊＊＊

星占いの世界で「闘いの星座」と言えば、牡羊座である。12星座は円環をなしていて、ひとつの星座の対岸、180度向こう側には、対照的な象意を持つ星座が置かれる。闘いの星座・牡羊座の向かい側にある天秤座は「平和の星座」である。

さらに天秤座のキーワードを挙げると、調停、裁判、ルール、正義、交渉、契約、結婚、バランス等となる。裁判所に飾られている法の女神・テミスが手にする天秤は、まさに天秤座の「天秤」である。ギリシャ神話では、正義の女神アストライアの物語が天秤座と関連付けられている。もとは地上にいた神々だが、人間達が堕落の一途をたどるのを見てこれを見捨て、天界へと去りはじめた。正義の女神アストライアだけが最後まで地上に残り、人間に正義を広めようとしたが、最後には彼女も匙を投げた。

一般に、人間は闘っているうちに、そもそもなんのために闘っているのかを忘れる生き物だ。闘いに夢中になった結果、闘いのそもそもを忘れた戦士に、第三者、調停者、鏡のような「他者」が、「お前たちの闘っている姿はこれだが、本当にいいのか」と、真の姿を映し出してくれる。しかし「他者」もまた、ひとりひとりが主観の持ち主であるにすぎない。ゆえに「女神」のような力を持った存在でさえ、天秤を手にしている。正しさとはそれほどに、はかりがたいものであるらしい。

天秤座は星占いにおいて、ひとつの重要なラインの上にある。12星座の基点となる春分点、その対岸の秋分点が、天秤座の始まりの度数となっている。昼の長さと夜の長さが同じになる日、春分から始まった1年がちょうど半分過ぎたことになる。言わば「折り返し地点」である。日本では春分の前後と秋分の前後の期間が「お彼岸」、すなわち、あの世とこの世の行き来ができる時間ということになっている。春分と秋分にある種の境界線が置かれているのである。

星占いでは牡羊座という「始まりの星座」からの12星座の連環を、人の一生に擬える考え方がある。牡羊座でおぎゃあと生まれ、牡牛座で自分の手や身の回りのものを触り、舐めながら世界を確かめ、双子座で言葉をおぼえ、蟹座で身内や自分が所属するコミュニティを認識し、獅子座で恋をし、乙女座で学校教育や師の訓練を受ける、といったイメージになる。ここまでは言わば、子供が大人になるためのプロセスだ。

乙女座の次の天秤座はどうかというと、ここは古く「結婚」の場所である。つまりここで、はじめて「他者」との対等な関係が発生する。牡羊座から乙女座までは、子供や未熟な存在としてケアされつつ、少しずつ「自分」を作ってゆく過程にあった。天秤座は、そうした「内なる世界」から「世の中」に出て、言わば「社会人になる」「一人前になる」場所なのである。

私が東北の高校から関西の大学に進学したとき、多くのカルチャーショックに見舞われた。たとえばすき焼きに何を入れるかとか、お雑煮はどんなお汁かといったことまで、これまで「これこそが常識」と考えていたものが、決してそうではないとわかったのだ。それまで少しでも大人になろうと必死に背伸びをして習いおぼえた世の中の常識が「すべて」ではなかったと知ったとき、意味合いは違うが引用部の「つまり昨日までの大将の半分になり、あとの半分はあの男のものになった」というフレーズに似たことが起こった。なるほど自分というものは、無数の「他者」に対してごく部分的なものでしかないのだという認識を得たのである。子供の頃に多くの人が一度は抱く「全能感」は、社会に出れば一撃で破壊される。それは多分、「それまでの自分が半分になり、あとの半分は世の中のものになる」といったことなのだろうと思う。

天秤座という星座は、まさにそうした変化を象徴する世界である。

天秤座は「結婚の星座」である。結婚とは現代的には、二人の人間が出会い、愛し合って行われるもの、と考えられている。でもほんの数十年遡れば、結婚とは家同士でするものであり、本質的には恋愛とは関係がなかった。職業婦人であり、職場結婚した私の祖母は日頃「私は恋愛結婚ですから」と鼻高々にのたまったが（その割に夫婦仲は最悪だった）、そのくらい珍しいことだったのだ。天秤座の「結婚の星座」というこの「結婚」は、家同士の結婚や、政略結婚くらいのイメージに近い。もちろん、天秤座の人々はすべて結婚するとか、その結婚は政略的なものであるとかいう意味ではない。天秤座のしくみを象徴する出来事として、「政略結婚」が挙げられるというだけのことである。

人間はみんな立場が違う。立場が違えば、認識も違う。愛し合う二人も「価値観の違い」で多くが別れてしまう。他者とは、根本的には解り合えないものなのだ。しかし、人間はそんな他者と関わり、交わり、半永久的な関係を結ぼうと試みる。理由は色々あるが、とにかく人間は、どうしても解り合えっこない他人と、なんとか関わりを積み重ねようとして四苦八苦しながら生きていくしかない生き物であるらしい。

自分一人であれば感じなくて済むことが、誰かと関わった瞬間、いやというほど実感させられる。親密な関係を結んだ瞬間、自分と相手の違いを知り、自分の欠落や相手の欠点を知り、動揺し、不完全さを見つめながら生きていくことになる。誰かと一対一で向き合ったら即、「それまでの自分が半分になり、あとの半分は相手のものになる」のである。鏡を見さえしなければ気づかずにすんだほくろやシミに、気づいてしまうのに似ている。

牡羊座から乙女座が「一人の人間の成長過程」に擬えられるなら、残りの天秤座から魚座は「一人の人間の社会参加の過程」に擬えられる。そこは過酷な世界である。天秤座で「他者と出会い、契約を交わし、あるいは結婚する」事態が生じ、蠍座で「性的行為、相続、奪い奪われるような過程、人の生死に接する事態」が生じ、射手座で「遠征、交易、宗教的な体験、異文化との出会い」が起こり、山羊座でやっと「一国一城の建設」が成り立つ。更に水瓶座では「社会的支配関係からの離脱、自由と未来への革命」が起こり、魚座で「救済、隠遁、すべての流れがたどり着く海のような状態」に至る。この流れの中で特に危険なルートが、天秤座から射手座に至る3ステップだ。他者の住む外界は、危険な場所なのである。平和の星座である天秤座は交渉の星座でもある。交渉するということは、対立があったのである。契約書を読まずにサインすることがどんなに危ないかを考えると、天秤座的な危険というのは容易に想像できる。

さらに蠍座は、「契約書を読まずにサインしたら何が起こるか」を象徴するような場所と言える。他者の財や生死、性愛、相続といった、人間の生活の中でもっともリスキーなテーマが詰まっているのがこの場所なのだ。さらにその先の射手座は「旅の星座」である。射手座の旅は遠征だ。『若きウェルテルの悩み』の中で、主人公が「旅に出るためにピストルを借りる」というシーンがある。旅は古来、追い剥ぎや不慮の事故など、無数の危険を冒す行為だった。だから「冒険」なのだ。

このように、平和の星座、結婚の星座である天秤座は、美しいキーワードの後ろに、「他者が住む場所に出る」という意味でのあらゆる危険を内包している。そこでは「それまでの自分が半分になり、あとの半分は世の中のものになる」のだ。天秤座的な優雅なマナーも、完璧主義的なスタンスも、すべてこの危険に対処するための緊張感から生まれる。天秤座の星のもとに生まれた人々の心には、常に緊張の糸がピンと張られている。だからこそ、彼らは優雅に美しく見えるのだ。

天秤座――愛の星座

〝けれども彼らがやっていることに関する噂はときどき耳に入り、そのたびに彼女の中にはあの身を縮ませるような、魅せられるような嫌悪感が、好奇心と恐怖が混じりあったような感覚が湧きあがり、それは彼女が居住している庭にひやりとする風が吹きこんでくるかのようだった。〟

（フォークナー著　諏訪部浩一訳『土にまみれた旗』河出書房新社）

「彼女」、ナーシサは若く、穏やかで、静かで、落ち着いている。何事にも動じず、自分を変えることがない。弁護士の兄、ホレス・ベンボウが第一次世界大戦に従軍し、やがて帰還したときも、彼女は変わらず穏やかに彼を迎えた。大きな山のような、神秘的な動じなさ。フォークナーの描く女性たちには、この点がくり返し強調されているように感じられる。しかし、そんな静かな彼女たちが強く惹きつけられ、虜になってしまうのは、まったく非合理な、瞬間的に燃え尽きる花火のような儚いエネルギーに翻弄されている男たちである。引用部の「彼ら」、すなわちジョンとベイヤードは、その身体に流れるサートリス家の荒ぶる血、突き抜けた破壊衝動に幼い頃から身を任せている。ロープを使ってプールに飛び込んだり、気球に乗って大けがをしたりする危なっかしい彼らの姿を、ナーシサは嫌悪しているつもりで、実はそれに「魅入られて」いた。

私は『土にまみれた旗』のナーシサを、驚きをもって見つめた。というのも、私がナーシサを知ったのは『サンクチュアリ』であり、そこでの30代の彼女は茫洋としつつも世間体を神経質に気にする、冷たい女性だと思えたからだ。「あたしは特別何も考えてないわ。気にもしていないわ。でも町の人々がそう考えているのよ。だからそれが本当だろうとなかろうと、それは関係ないのよ（中略）」（加島祥造訳『サンクチュアリ』新潮文庫）。命の全てを愛に注ぐルービーや、妙に愛嬌のある大学生テンプルと比べると、『サンクチュアリ』のナーシサははなはだ魅力に欠ける存在だった。その点『土にまみれた旗』での彼女の印象は、まるでちがう。周囲の人々のケアをしながら完全な静穏を生きているはずの彼女の中から、ベイヤードの自己破壊衝動に揺り起こされるように、激しいエネルギーが湧き起こる。『土にまみれた旗』の中には、『サンクチュアリ』より何年も前に存在した、彼女の本当の聖域が描かれていたのだ。人間は集団の中で生きている。社会や組織、家族や地域など、多くの人に揉まれ、多くの人々が創り上げた文化を呼吸し、それを自分自身のものだと錯覚しつつ生きている。一方、人間は「人」に出会う。一対一の関わりがあちこちに生じる。それらは静けさのナーシサと荒ぶるベイヤードの邂逅のように、ある種の衝撃を伴う。ナーシサほど自己抑制の行き届いた人物でも、否、自己抑制が行き届いている人物だからこそ、より激しく強い刺激によって抑制の破壊を行おうとする。現実の世の中にもこうした出来事はよく起こる。誰からも尊敬され信頼されているような人物が、世間から突然つまはじきにあうような「問題」を起こす。スキャンダルの源泉はたいてい「出会い」にある。出会いという針が、その人の内部でパンパンに膨れ上がった水風船を軽く刺すのだ。

2020年頃、「風の時代」が話題になった。そのメインステージとなった水瓶座と同じく、天秤座も「風の星座」だ。水瓶座は社会的集団を象徴するが、天秤座は一対一の人間関係を象徴する。たとえば裁判にも「一対一」の構造が深く刻まれているが、これは天秤座的な世界観と言える。大きな事件や深刻な問題が起こったとき、私たちは「当人に原因があるのだ、自分と彼らは違う」と考えがちだが、実際はもっと大きなしくみの中で「問題」は醸成されている。差別的な社会にいれば差別的な個人になるしかない。価値観は「じぶんひとりだけ」では作れない。モヤのように自分を包んでいる文化や価値観は、集団のなかの一人としてだけ生きている間は、自覚できない。一対一で「他者」に出会ったとき、私たちは自分を新しい形で発見し、さらに、変容の可能性を摑む。

この稿を書いていた時期、火星が天秤座に入っていた。天秤座の火星、これは伝統的占星術において「居心地が悪い」配置とされる。平和の世界（天秤座）に、暴力を備えた人物（火星）が入ってゆくのだから、確かに居心地が悪かろう。たとえば静穏なナーシサの世界に荒ぶるベイヤードが闖入《ちんにゅう》するような「居心地の悪い出会い」のイメージだ。居心地が悪い、馴染まない、だからこそ、そこには強烈な魅力が生まれ、波瀾が起こる。古い均衡の瓦解が起こり、新しい均衡への可能性が生まれる。山は時に噴火し、自分がどうやって山になったのかを知らしめる。

＊＊＊

ナーシサは、ベイヤードと親しく交わらなければ、自分の中に潜むあの暴力的衝動に出会うことはなかった。多くの人がそれに似た体験をしているだろう。ある人に出会わなければ、自分がこれほど怒りっぽいと知らなかった、あるいは、別の人に出会ったからこそ、自分がこれほど優しくなれると知った、などの体験は、決して珍しいものではない。一対一の出会いや関わりがそうさせることもあれば、ある集団に身を置くことでガラッと変わってしまう人もいる。

ただ、天秤座の世界観は、そうした変化の「手前」にあって躊躇《ちゅうちょ》している、という面もある。たとえば、結婚に当たって契約書を交わす人々が海外では珍しくないそうだが、それを聞いて「なんと他人行儀な」と驚く人も多い。契約というものは、他人同士が交わすもので、家族の中でやるようなものではない、という文化的直観が働くのだろう。もちろん、結婚する二人は元々赤の他人だったわけで、結婚という行為自体が今でも、書面で交わす契約行為に近いものである。ただ、結婚に当たって交わす詳細な契約書は、離婚の条件も含んでいる。病めるときも健やかなるときも人生が続く限り一緒にいましょう、という約束が結婚であるとするならば、離婚も前提とした「結婚契約書」には、ある種の断絶、絶対的な距離がある。

星占いのしくみから考えると、「結婚契約書」は非常に、天秤座の世界観に似つかわしい。天秤座の象徴する「一対一の関わり」では、向き合う双方の間に、ひとつのテーブルが置かれているのだ。あらゆる交渉の場と同じく、正面から向き合って座り、お互いのあいだには板が置かれている。双方の要望や条件はその俎上《そじょう》にのせられて、あれこれと吟味され、最終的な合意条件に落とし込まれねばならない。

乙女座の段階で「処女宮」が象徴的な意味で婚姻や性交の予感を内包していたように、天秤座もまた、結婚の先の「他者との深いコミットによって起こる精神的変容」を予感として内包している。天秤座は結婚の星座というよりは、出会いと交渉の星座と言った方が正確なのではないかという気もする。あるいは、「結婚式の星座」であってもいい。結婚式はスタートであって、ゴールではない。まだふたりは出会ったばかりで、お互いがお互いによって深く変えられてゆくのは、これから先の話なのだ。天秤座は「結婚式」までの段階にあてはまる。しかし「その先」のことも、乙女座同様、ある種の両義性としてはらまれている。

ただ、結婚式のような「最初の段階」であっても、扉は既に開かれてしまっている。この「ひらかれ」について、私はひとつの強いイメージを抱いている。それはマルティン・ブーバーの「対話」の中のある一文だ。少々長いのだが、ここにどうしても紹介したい。

天秤座は交渉と契約の星座だが、それ以前にまず、出会いの星座であり、愛の星座でもある。そのことの意義を表現するとすれば、これ以上にしっくりくるシーンを、私は知らない。

〝わたしが頭にえがいていることを、実例で明らかにしよう。

この世界のどこか寂しいところで、お互いに隣り合って腰かけている二人の男を想い浮べていただきたい。彼らは互いに話しもせず、相手を見もせず、一度もふり向くことすらしない。彼らは親しい間柄でもなく、相手の経歴など全然知っていない。（中略）一方の男も他方の男も同じベンチに腰をおろしているが、一方の男はその持前の気分からして明らかに平静で、何が起ろうとゆったりとすべてを迎え容れる気持が見られる。（中略）他方の男は、その様子からでは、どのような人間か分らないが、無口で抑制力のつよい人間である。しかしこの男をよく知っているひとならば、幼児性の閉塞の呪縛が彼にあること、彼の抑制の様子は、彼の態度とはまったく別のものであることが分る。彼のすべての態度の背後には、貫徹できぬ自己伝達不可能というものがある。ところで――われわれの心を締めつけている七つの鉄の輪を破ってしまうような瞬間の一つがあることを思い浮べてみよう、――突如この男の呪縛がとけてしまう。しかしこの男は一言も話しかけるわけでもなく、指一つ動かすわけでもない。にもかかわらず、彼は何ごとかをなす。彼の行為によらずに、呪縛の解消が起った。それがどこから生起したかは問わない。とにかく突如として起った。（中略）すると彼から隔意なく伝達が流れ出、沈黙がこの伝達を隣りにいる男にもたらすのである。この伝達はこの男に向けられたのであり、すべて真の運命の出合いにたいしてこの男がいつもするように、この伝達を隔意なく受け取るのである。〃

（マルティン・ブーバー著　植田重雄訳『我と汝・対話』岩波文庫）

人の心が開かれ、出会いが起こる。幾多のドラマに、幾多の映画に、文学に、詩に、戯曲に、出会いが描かれている。色々な形の出会いがある。でも、おそらく本当の出会いのシーンではつねに、この一文に書かれているような現象が起こっている。天秤座について説明するとき、この部分は決して、明快に説明することができない。「彼は自分が経験したことをだれにも語ることはできない。いや自分自身にさえできない」。出会いの場で起こることはまさに、このとおりである。天秤座は、出会いの星座だ。

蠍座 ― 再生の星座

〝麻雀卓に向き合っているかのごとく大げさな身振りでリポートをする某ベテランキャスターは、しかしなぜかこの日に限って五つ星のホテルに戻らず、前日と同じ服装でテントを出てきたところを雹に打たれ、気絶して病院に運ばれた。このことは週刊誌にも取り上げられ、その後目を覚ました彼女は驚くほどおとなしくなったという。けたたましさが持ち味だったというのに、しとやかに、しかも理路整然と話すようになり、ほどなくしてメインキャスターから下ろされた。〟

（呉明益著　小栗山智訳『複眼人』ＫＡＤＯＫＡＷＡ）

物語は広大な海に浮かぶ孤島ワヨワヨ、台湾のある海辺の町、そしてこの町に近づいてくる「ゴミの島」をくるくる回りながら語られる。職を辞し自殺の準備をする大学教員のアリス、「ワヨワヨの次男」として島のしきたりに従い、死に向かって海を漂流する少年アトレ。二人はどちらも、半ば自分の意志で、半ば運命の指示にしたがうように、ゴールとしての死を見つめながら進んでゆく。……と、ネタバレを避けたいのであらすじはこのくらいにしておく。

本書の解説には「この小説には随所に死がある。死に浸《ひた》された小説といってもいいほどだ」と書かれていたのだが、私は軽い違和感を抱いた。たしかに、この本には死がたくさん出てくる。ただ、それは単に「テーマ」として出てくるだけであって、本当は「人間が想像するようには、なかなか死なない」ことこそが、この本のベースとなっているのではないか、と感じたのだ。島のしきたりによって「海に出て行《ゆ》く」アトレは、島の人間からすれば象徴的に死んでいる。しかし、現実には生身の人間が海に出て行っても、そう簡単に、キレイに死ぬことはできない。当人にとって、死はイメージではなく、現実なのだ。

さらに「簡単には死ねない」ことの最大の象徴が「海を漂う、巨大なゴミの山」である。世界中で海に投げ捨てられたゴミ、川を下って海に流れ着いたゴミたちが、潮流に乗って長い海の旅を経て、広大な海のど真ん中で一堂に会し、浮島となって台湾に迫ってくるのだ。私たちはゴミを捨てると、それは「消えたこと」になる。死んだ人たちのように、過去のものとなる。だが実際には、ゴミはこの世から消え去るわけではない。どこかには存在する。時間をかけて分解されるまで、それはぼろぼろに朽ちながら、存在し続ける。まことに不都合な真実である。人間の命にも、どこかそういったところがある。決して思い通りにはならない。絶望して死のうと思っても、簡単には死ねない。死は悲劇だが、死なないことが悲劇となる場合もあるのだ。

一方、本作には、「突然人が変わってしまう」描写が何度か出てくる。引用部はそのひとつである。接近するゴミの島を取材しようと集まったキャスターの一人が、雹に打たれて「人が変わる」のである。まるで、それまでの彼女が死んでしまって、新しい人格が現れたかのようだ。これを象徴的な「死」と捉えるなら、ここでも、死は予想を超えた表れ方をしている。死にたいものが死ぬわけではないし、突然、消えるはずのないものが消えるのである。

どんなに抗っても、時代は変わっていく。古いものをガンガンぶち壊して、瓦礫の中を突き進むように、時代が進むのを止められない。一方で、壊れて消えてほしいもの、死んだと思いたいものが、簡単には消せない。壊れそうもないものが壊れ、壊れてほしいものが壊れないのだ。どんなに黒塗りしても消えない記憶、罅《ひび》の入った壁に打ち付けられる雹。変化には痛みが伴うものだが、その痛みは決して「解りやすい、想定通り」のものにはならない。未来も命も、随所に「想定外」を含むからこそ、私たちはそれを生きる意味をかろうじて、見いだすのだろう。

＊＊＊

一般に「夢占い」において、自分が死んでしまう夢は「吉夢」であると解釈される。夢の中の死は本当の死ではなく、象徴的な死なのだ。過去の自分が死に、新しい自分が生まれる「変容」「再生」「生まれ変わり」が、夢の中の死の、本当の意味なのだ。

蠍座は「死」と関連付けられている。実は蠍座だけでなく、蟹座、魚座という水の星座のグループはみな、古くから「死」と関係が深い。魚座は12星座の終着点に当たる星座であるし、さらに蟹座は地底の世界と結びつけられた星座、冥界の星座なのである。さらにサソリという動物は、人を殺傷するほどの毒を持っている。蠍座の支配星とされる冥王星は、遺伝や相続などを管轄する。また、蠍座は性的な分野にも関連付けられる。ジョルジュ・バタイユの世界観がそのまま、蠍座の世界観に重なる。蠍座の「死」は、あくまで象徴的な意味での「死」である。それまでの自分が死んで、新しい自分に生まれ変わるような根源的変容が、蠍座のテーマとされる。

更に言えば、「死」は「生」との対照で語られるしかない。光がなければ影もないように、生がなければ死はない。しかしおもしろいことに、蠍座の対岸の牡牛座は「生」の星座ではなく、「所有・物質・価値」の星座なのだ。何かを「持っている」ということが、牡牛座のテーマである。その対岸、つまり反対の星座である蠍座は「遺伝・相続・性」、つまり、人が人に財や命や運命を与えるということがテーマとなっているのである。

蠍座を「贈与の星座」と呼ぶことが、私は好きだ。現代社会は全て経済的取引で成り立っているようであっても、相変わらず、「贈与」は重要な行為である。親が子供に、師が弟子に、子供が親に、無償でケアや導きを提供する。人が人のために時間を割き、見知らぬ人の手助けをし、募金をする。自分の人生が自分以外の誰かの役に立ったと心から思えるとき、人は充実と安堵を得る。人間は、自分の人生を小さく千切っては、自分以外の誰かに与えながら生きていく。そして、その時間が尽きると死ぬ。死んだ身体も、他の動植物に贈られる。蠍座が贈与の星座であり、死の星座であるというのは、そういうことである。自分自身を誰かに与える、ということが、蠍座のテーマなのだ。

ただ、「贈与」はいつもうまくいくわけではない。受け取り手がいない場合、いても受け取ってもらえない場合、贈られたものは海を漂うゴミのように、この世に漂流し続ける。贈り物を受け取ってもらえない人間は限りなく孤独になる。深く傷つき、押し黙る。『複眼人』には、自分を他者に与えたいのに受け取り手がいない、というような絶望的なシチュエーションがいくつか描かれる。また、贈り物がいつもひとに喜ばれるとは限らない。引用部の「某ベテランキャスター」は、天からの贈り物のような一撃を受け、より望ましい人格を得たようだが、それによって仕事を失った。あるいは彼女はその後、もっとすばらしい活躍の舞台を見つけ出したかもしれないが、その先行きまでは「雹の一撃」というギフトには織り込まれていなかっただろう。贈与は、このように、様々な危険を伴う。

贈与の場には「他者」がいる。天秤座で出会った「他者」と更に深いコミットが生じたとき、関わっている二人には変容が起こる。成長のように望ましい変容が起こる場合もあれば、堕落のような有り難くない変化が起こる場合もある。出会った相手と深く愛し合う場合もあれば、傷つけ合い、憎み合う関係に発展する場合もある。出会いはいつも、リスクを伴う。蠍座はそうしたリスクを見つめる星座でもある。ゆえに蠍座は「洞察の星座」と言われる。物事の表面からは決して見えない「その先の変容」を、蠍座の星は、予感するのである。

「一度死んで、新しい自分として生まれ変わる」ような体験は、果たしてだれとも出会わずにできるものだろうか。できる場合もあるのかもしれない。ただ、多くの場合は、他者との出会いと深い関わりを通して、そうしたことが体験されるのではないか。蠍座は再生の星座と言われるが、そこには「他者」が厳然と存在する。他者との関わりを通して冥界巡りが起こり、新しい人生がそこにたちあらわれる。

人間はだれでも、一人で死ぬ。しかし蠍座の象意である「死」は、自分一人のものではない。ゆえに蠍座の「死」とは、現実的な死そのものを意味しているのではない。他者と関わることによって自分の半分が失われ、そこに新しい半分が付け加わるような大変化の可能性を、蠍座は象徴している。そうした大変化を可能にする生き物の圧倒的生命力を、蠍座は象徴している。

私たちは人生において、様々なものを捨てたり、手放そうとしたり、消し去ろうとしたりする。自分自身を消し去りたくなることもある。しかし、この世には他者がいて、外界がある。自分を含めあらゆるものを「捨てる」ことは、そう簡単なことではないのだ。それらは決して「消え」たりしない。どこかには残る。それはある種の絶望だが、同時に、絢爛《けんらん》たる希望でもある。蠍座の世界観には、そうした現実的希望の真実が刻み込まれている。「再生」とは、そんな希望の正体である。

蠍座 ― もうひとつの、闘いの星座

〝考えてみるがいい。十九世紀の人間は、馬、犬、ないしはまた、馬車をつかって、スローモーションで、世を送っていた。それが二十世紀になると、カメラのうごきがすばやいものになる。本だって、それにつれて短縮され、どれもこれも簡約版。ダイジェストとタブロイド版ばかり。(中略)映画だって、いよいよスピード・アップだ。わかるか、モンターグ。これだって、スピード第一なんだ。〟

(レイ・ブラッドベリ著 宇野利泰訳『華氏451度』ハヤカワ文庫)

先日、Webで目にした記事に驚いた。現代の大学生の多くが、動画や映画を早送りして見ている、というのである。「倍速視聴を「よくする」「ときどきする」が66・5%、「あまりしない」も含めれば87・6%。3人に2人が日常的に倍速視聴しており、9割近くが倍速視聴の経験者だった。」（「「なるべく感情を使いたくない」映画やドラマを「倍速視聴」する大学生の本音　早送りする大学生たち　後編」稲田豊史　https://gendai.ismedia.jp/articles/-/91052）

ディストピアSFの傑作『華氏451度』は1953年の刊行だが、この「倍速視聴」を予言するかのような箇所が、冒頭の引用部である。膨大な「コンテンツ」の渦を泳ぎ回るには、ひとつひとつの作品にじっくり時間を割くことなど物理的に不可能なのだ。

『華氏451度』の世界では、読書が禁止されている。本を所有していることが発覚すれば、「焚書係」が駆けつけてきて本を、場合によっては家ごと焼き払う。この世界に私が住んでいたら、もはや家はあるまい。しかし『華氏451度』の中で「本を焼くことがなぜ問題なのか」「本にはどういう価値があるか」を論じた部分には、イマイチ納得しきれなかった。作中、老教授フェイバーはこう語る。「なぜ書物は重要であるか、その理由をご存じかな？　そこには、ものの本質がしめされておるのです。」。はたしてそうだろうか。本書の解説に「本はよく森や宇宙にたとえられる。一本の樹木では森にならず、一つの星では宇宙にならない。」（佐野眞一）とある。たしかにそうかもしれない。だが、無数の本、全ての本が集まれば、その全体が「ものの本質をしめす」のだろうか。私自身、本当に僭越ながら、本をたくさん書かせて頂いている。それが「ものの本質」の一端を成しているとは、とても思えない。本の中にも「本質」に属する本とそうでない本があるということだろうか。多分、キリスト教世界には「聖書」という本のヒエラルキーの頂点のようなものがあるから、「ものの本質」といった発想が生まれるのかもしれない。本書にも福音書を1ページずつ破りとる「瀆神」のシーンがあった。

一方、本を全否定しながら精力的に焚書係を指揮する上司ビーティの炎のような言葉には、残念ながら強烈な説得力がある。「けっきょくそこには、これといって意味のあることはないのを知った。（中略）すべては空想、妄想の断片のつづりあわせだ。これは小説の場合だが、ノンフィクションとなると、もっと質が落ちる。教授《プロフェッサー》同士で、わる口のいいあいだ。哲学者なんて人種が、たがいにばか呼ばわりしているだけ。醜態そのものさ。」。これにどうやって反論すればいいのだろう。

この作品は映画化されている。映画版で、上司ビーティは本を隠し持つモンターグを、冷静かつ情熱的に説得する。モンターグが本を隠していることを知りながら、それに敢えて触れずに、本を否定してゆく。しかしその熱烈な否定の様子はまるで、本への根深い愛情を告白させられているかのようだ。愛する人を意に反して罵倒するような調子で、ビーティは徹底的に本を批判する。激烈な批判ができるほどに本を読んでいたのだ。おそらく、口から出てくる言葉と胸にあることとは、一致していない。

「出版不況」が叫ばれて久しい。それに対抗して私も「紙の本はとてもいい」と言いたくなる。しかしその手前で、立ち止まってしまう。なぜなら、私は本を読むとき、本を見ていないからだ。これは、鏡を見るとき、鏡自体を見てはいないのに似ている。見ているのは、自分の顔だ。あるいは「私は本が好きです」というのは、「私は人間が好きです」「男が好きです」という言い方に似ている。私としては、特定のその友人が、その恋人が好きなだけである。愛する者以外の人々には関心がないか、正直、嫌いな相手もいる。もちろん、「全ての本」の森が存在することではじめて、「私の好きな本」が存在しうるということはわかる。ただ、だからといって「本全般が好きです！」と迷いなく言い切れるわけではない。これを「偏愛」というのだろう。

その点、ダイジェスト化された本は、まさに物体としての「本」に見えるのではないか。倍速再生の動画を見ているときには、自分が「動画を見ている」「タブレット端末を見ている」と自覚せざるを得ないのではないか。鏡の中に、自分の顔ではなく、銀色の水銀の表面やガラスの層の透明感をみつめるようなものなのではないか。

情を動かさない知の奔流、「風の時代」というキーワード。風は心を護る壁のすき間を吹き抜けて、吹いた後には何も残らない。目の前にあるこの世界以外の、どんな世界にも入り込めない。「偏愛」もない。

蠍座は「破壊と再生」の星座である。冥王星と火星という2つの星に支配され、地中のマグマのような圧倒的エネルギーを象徴する。炎と、人間集団。古くからあるものと、その破壊。現実には「焚書」などされなくても、本は順調に廃れている。かつて紙に記されていた思想や記憶は、デジタル技術によって立派に受け継がれてゆくのだろうか。「破壊と再生」の冥王星は２００８年頃に山羊座に入り、２０２３年から２０２４年頃、水瓶座へと抜けてゆく。山羊座は「五感・物質」を司る星座でもある。この16年ほどの中でなにが焼き払われたのか、私たちは自覚できているだろうか。

＊＊＊＊

星占いで用いる12星座はすべて「支配星」を割り当てられている。望遠鏡が発明されるまでは、星占いのしくみの中には、肉眼で見える土星までの惑星しか含まれなかった。近代になって天王星・海王星・冥王星が発見され、様々な議論の末に天王星は水瓶座、海王星は魚座、冥王星は蠍座の支配星となった。しかしそれ以前は、蠍座の支配星は火星であった。火星は今も蠍座の「副支配星」というポジションにある。

火星は闘いの星である。情熱の星、意欲の星、欲望の星、暴力の星であり、さらに、怒りの星、スピードの星、リスクとスリルの星、刃物の星でもある。火星は蠍座の他に、牡羊座も支配している。

『華氏451度』の中で、本を焼き払う行為は表面的に、社会正義や道徳と結びつけられている。しかし実際には、権力者が人々の精神を支配しようとする行為の一端である。牡羊座の闘いと蠍座の闘いの違いが、ここに端的に表れている。牡羊座の闘いは「正しさ」のための闘いである。一方の蠍座の闘いは、自分自身にとって大切なものを守るための闘い、または支配のための闘いである。牡羊座の闘いは自分一人と敵一人の間の闘いだが、蠍座の闘いは他者が複雑に絡み合った上に起こる闘いと言える。牡羊座の闘いではただ、勝利が目的となる。蠍座の闘いでは、戦利品としてのなにかが求められる。牡羊座の闘いには善悪が関係している。蠍座の闘いには、権利や愛が関係している。牡羊座の闘いには、怒りが伴わないこともある。一方の蠍座の闘いの原動力は、怒りや欲望、愛情など、純粋な熱い感情である。ゆえに、映画版では特に、ビーティが書物への複雑な愛憎を抱きながらも偏執的に書物を焼き払う姿が、あらゆる意味で蠍座的に見える。愛があり、怒りがあり、諦念があり、なんとも名づけがたい激情がある。ただルールに従うだけの存在にはなれない、むきだしの人間性がそこに燃え立っている。

たとえばドラマや映画などで、難敵に闘いを挑む主人公が、「その敵に立ち向かうなら、自分も協力しよう」と申し出る人物に出会うことがある。この協力者を信頼していいものかどうか、主人公は思案する。そこで、協力の動機を問う。すると、協力者はたいてい、利己的な動機を語る。自分の過去の恨みを語ることもあれば、報酬を要求することもある。その動機が個人的な感情に根ざしていればいるほど、主人公は協力者を信頼しやすい。もし、協力を申し出た人物が客観的正義や道徳を語ったなら、「その思いは確かに立派だが、共に闘うには動機が薄い」と却下される流れになりがちだ。

蠍座は「活動宮、不動宮、柔軟宮」の3分類において、「不動宮」に所属する。不動宮はもっとも信頼に足る星座、とされている。態度がコロコロ変わらず、言動に一貫性があるからだ。蠍座の星のもとに生まれた人々が「信頼に足る」理由は、自分自身の本当の思いを理解しているからだ。自分自身の激しい感情、認めたくないようなネガティブなことなども、成熟した蠍座の星の人々は、深く理解している。ごまかしがなく、タテマエに縛られない。彼らは人間の普遍的危険性を知りながら、それを優雅なインタフェースで隠している。お金でも性でも麻薬でも、およそ人間を支配するほどの力は、隠されねばならない。危険だからだ。しかし、隠したからといって「なかったこと」にはならない。そのことが、蠍座の世界では深く了解されている。

蠍座を語る時、一般的には「セクシー」という言葉がよく用いられる。私はこの文言についてしばしば、こういう注釈を加える。すなわち、蠍座を語る時の「セクシー」というキーワードは、露出度の高いファッションや性的なアピールではない。むしろ、それらが「隠されている」という点に重きが置かれる。大切なものは全て隠されていて、隠されているからこそ価値がある。このカラクリをもっとも強く担うのが蠍座の世界観なのだ。暴力もまた、社会的には丁寧に隠される。抜き身の刃物を持って街を歩けば即座に逮捕される。しかし人々は暴力に、強い憧れを抱かずにいられない。あらゆるニュースに、映画やドラマやマンガなどのコンテンツに、暴力が常に供給され続けているのは、誰もが知っていることだ。長い長い歴史を持つ、ボクシングがありレスリングがある。魅力と危険は表裏一体だ。蠍座の星のもとに生まれた人々は「危険物取扱者」の資格を持っているようなものなのだ。すべて「危険物」は、金塊のように鈍い光を放って人間の心を虜にする。すべての「価値あるもの」は危険なのだ。蠍座という星座は、それ自体がひとつの宝島のような世界なのだ。

蠍座の人々は徹底的に無欲だが、一方で限りなく貪欲になる。このことは、「他者」の存在が深く関わっている。人間、自分一人で飲み食いし、贅沢をするだけならば、大したことはできないものだ。他人との関わり、贈与の関係が生まれて初めて、本物の贅沢が爆発的にふくれあがる。蠍座は、他者との深い関わり、コミットの星座なのだ。ゆえに、自分一人の手にはあまるほどのものを求め、全て愛するものたちにそれを配ってしまう。そこに愛が残る場合、蠍座の人々は充たされ、幸福になる。悲しいほどに利他的な愛が、蠍座の世界観には詰まっている。闘いも、「危険物を取り扱う」ことも、他者への愛が土台となって行われていることなのだ。蠍座の世界でも、自分と愛する他者はどこかで境界線を溶かされ、融合する。この融合が「一度死んで生まれ変わるような、根源的変容」を意味することもある。蟹座、蠍座、魚座という水の星座にすべて共通する特徴である「(特殊条件下における)自分と他者の境界線の無効化」が、蠍座の世界にもちゃんと息づいている。

射手座　―　哲学の星座

〝そして私たちは、分かれることが結びつくのと同じくらい簡単なために、確固たる絆よりもメリットがある「ネットワーク」に救いを求めています〞
（ジグムント・バウマン著　伊藤茂訳『アイデンティティ』日本経済評論社）

私は過去10年以上、毎年秋に翌年の「星ダイアリー」を発売している。星占いの記事と星の動きの情報が掲載された手帳だ。この「星ダイアリー」の表紙には例年、いろいろなイラストを掲載して頂いているのだが、ある年「コウモリ」の絵柄を使ったことがあった。イラストレーターさんが大変可愛らしく仕上げて下さり、スタッフ一同大満足だったのだが、版元の上層部から「待った」がかかった。「コウモリって、悪い意味で使いますよね」と言うのである。制作側はびっくりして、互いに顔を見合わせた。実は、著者の私はもちろん、担当編集者、イラストレーター、デザイナー他、制作にあたったのは全員女性だった。そして、出版社の上層部は、男性たちだったのである。派閥の論理に支配されるホモソーシャルでは「アイツはコウモリみたいな奴だ」即ち「裏切り者」は、最悪の評判なのである。もちろん、女性同士のコミュニティにも派閥的なものがないわけではないだろう。が、少なくとも我々制作陣においては「裏切り＝コウモリ」は、意味は知っていても妙にリアリティが薄かった。少なくとも「親友の恋人を奪った」的な「裏切り」は「コウモリ」ではない。「コウモリ」は「集団」の対立を前提としている。結局、かわいいコウモリは、そのまま通った。ちなみに、もしこれが「コロナ禍」以後であれば、全く別の理由で制作段階から、「コウモリ」は却下されていたはずだ。

永続的な関係、厄介事と安心感の両方を包み込むような、深い紐帯《ちゅうたい》。「派閥」もまた、そうした根の深い紐帯のひとつと言えるだろう。多くは利害関係から生じるとはいえ、帰属意識や忠誠心、義侠心など、ある種の感情が伴わざるを得ない。だからこそ「コウモリ」が人間的な意味で忌避される。しかし現代社会では、永続的な関係性はどんどん薄まり、引用部のような「着脱可能な、一時的な関係」に置き換えられつつある。継続的紐帯がなければ、裏切りもない。ミシェル・ウエルベックの『地図と領土』のエンディングで、私は本を思わず放り出した。そこには「なにもなかった」からだ。利害関係すらなかった。猟奇殺人、「それだけ」だった。しかし、現代のリアリティを描いたものとしては「ああなるしかなかった」のかもしれないとあとで思い直した。私は殺人に「共感しうる関係性の上での文脈、動機」を限りなく求めてしまう。それこそ「裏切り者への復讐」のような、感情を伴う筋道がほしいのだ。ゆえにミステリーでオチが「猟奇殺人」「異常者の犯罪」となると、私はどうしてもゲンナリしてしまう。そこには暴かれるべき秘密がない。からっぽのブラックボックスをぶっころがされたようで、「私は何を読まされていたんだろう」と白けてしまう。

しかし現代社会は、どんどんその方向に進んでいるようだ。殺人にさえもはや、「その人でなければならない」理由が少なくなっている。日本の政治ニュースでは、さかんに「派閥の論理」が語られる。しかし、派閥の象徴として挙がる名前の持ち主のほとんどは高齢者だ。これから出てくる若い世代も同じように、派閥を作り続けるのだろうか。どうも現実感がない。バウマンが言うように、分かれることと結びつくことが同じくらい簡単になれば、派閥は生まれず、「コウモリ」もいなくなるだろう。しかし、それはユートピアたりうるか。こうした変化を、近頃の星占いの世界では「地の時代から風の時代への変化」だと語る。

　関係性は勢いよくつながってはちぎれ、ひとつひとつのつながりが薄まり、人は限りなく自由に、自分自身の論理で闘わなければならない。それが「風の時代」の価値観だという。でも、自分がどんなに「自分は自分だ」と信じていても、結果的には時代の空気に包まれ、飲み込まれている。個人対個人の強い心情的つながりが薄まれば薄まるほど、私たちの心はより全体的な「空気」へと回収されていくのだろうか。「空気」も「風」なのだ。簡単に生まれる心情的クラスター、「クラスター同士の分断。風に吹き飛ばされている最中は、私たちはそれを自覚できない。あとになって「ああ、あの時は、時代の空気に飲まれていた」と振り返ることができるだけだ。戦後、多くの文人、知識人たちが戦争を擁護した自分の言動を反省し、謝罪したが、「では、その人たちは自己の自由意志と見識によって、戦争を擁護せずに済んだというルートはあり得たのか」と考えると、どうしてもそうは思えない。私たちは過去の言葉でしか語れないし、未来は想像にすぎない。風が強くなればなるほど「今」はどこかへ吹っ飛んでしまう。どうすれば「今」に踏ん張って立っていられるか。「空気」の外側になんとか出ようともがく意志に、勝ち目はあるか。

＊＊＊＊

ひとつの自由な生き方は、ひとつの不自由な生き方を前提としている。たとえば「風来坊」が出会うのは、土地に密着して生きる人々である。「根無し草」は、「根アリ草」の集団なしには定義できない。「旅から旅へ」の暮らしを続ける人は、その「旅」を受け入れてくれる「各地」を必要とする。ひとつの場所に根付く集団があちこちにあるからこそ、それらの場所を転々とさすらえる。

射手座は「旅の星座」である。さらに、哲学の星座、学問の星座、宗教の星座、狩猟の星座、移動の星座でもある。旅の星座にはもうひとつ、双子座がある。双子座の旅と射手座の旅は、大きく違っている。双子座の旅は、自分の分身を捜すような旅と言える。商用で繰り返される旅、近距離の旅、天と地を何度も行き来し、メッセージや情報を交換し続けていくような旅である。メッセンジャーの旅、飛脚の旅というイメージだ。一方の射手座の旅は、三蔵法師の旅である。真理を求め、未知の世界へと冒険を続けていく。射手座的な旅では、全ての道が「初めての道」である。帰り道の算段などない。そして、目的地で出会ったものは、必ず自分自身を根源から一変させるようなものでなければならない。感激があり、変容がなければならない。真理を得たという確信がなければならない。

印刷技術がなかった時代、書物は書き写されて広まった。重要な書物は寺院などの宗教施設に保管されており、本が読みたければ遠くその場所まで旅をするしかなかった。学問と旅と宗教は、分かちがたく結びついていたのだ。旅は古い時代、非常に危険だった。命を失う危険を冒してまで読みたいと思える本には、真理と呼べるほどの何事かが記されていなければならないだろう。ちょっとした娯楽のために命を危険にさらしたわけではないのだ。もとい、楽しみのための本を読むことが絶対的な願いになることもある。『更級日記』では、源氏物語を読むことがどんなにすばらしいことなのか語られるが、あの憧れと感激には、ほとんど宗教的な崇高ささえ感じられる。人間の、ごく広い意味での「知への憧れ」は、どこか宗教的な風韻を帯びている。

旅人は、弱者である。その土地に棲む人より圧倒的に情報量が少なく、補給は困難であり、その土地の共同体という集団に対して、無縁でひとりぼっちである。人間は集団になると強いが、ひとりぼっちでは限りなく弱い。人生は旅で、人は皆旅人である、というアナロジーは、「ゆえに人はみな孤独で弱い、様々なものに不足している存在であるから、互いに助け合わねばならない」という価値観を含んでいる。現代では、旅は安全な娯楽と見なされているが、元々はそうではなかったのだ。

射手座は旅人の星座で、その「旅」は安全な娯楽ではない。傷つけられ奪われる危機感を常に伴っている。ゆえに、自分自身を守り生かす「攻撃」もまた、正当化される。射手座はハンターの星座、猟師の星座でもある。猟師や漁師の文化では、獲物を「好敵手」と見なすことがよくあるようだ。お互いが対等だという幻想を持って、獲物を仕留めるのである。射手座は牡羊座、獅子座と同じく「火の星座」に属する。火の星座は、情熱的であり、好戦的でもあるとされる。射手座の世界観の中で、自分はそれほど強い存在とは認識されない。だからこそ、闘う用意がなされる。射手座の星のもとに生まれた人々は常に、傷つけられやすい、弱い旅人として、闘いの準備ができている。

射手座の旅には、出発点と目的地がある。出発点には、濃密な人間関係の紐帯がある。自他が分離されないようなしがらみや立場性、利害関係、愛憎がある。そこから抜けだして崇高な真理を追い求め、どこまでも遠く未知の世界に到達しようとするのが、射手座的な旅である。世界がどのくらい広いのか、自分がどこまで行けるのか、それを知るために危険を冒してどこまでも進む。その先には、千年王国がある。

「アイデンティティ」は、「自己同一性」と訳される。民族や国家、職業や所属している組織、地域などにそれを求めるのが一般的だ。一方、戦争体験や幼少時の貧乏生活における苦労や特殊な体験など、「体験」の中にアイデンティティを定義する人もいる。さらに「旅人」「異邦人」であるということも、アイデンティティになりうる。射手座的アイデンティティには、「旅」の要素が入り込む。ある場所から別の場所へと移動した、とか、ある世界から別の世界へと所属を変えたとか、あるいは、ある場所から別の場所へと非常に重要な概念、考え方を運んだとか、そうしたことが射手座的世界観におけるアイデンティティと言える。また、知的探究もそのひとつである。人間の脳は常に座標系を作り、頭の中に予測による世界を作り続けながら生きている、という説があるが、射手座の星のもとに生まれた人々は、頭の中にある座標系の周縁から外側へと、常に離脱しようとしているようなフシがある。

旅というのは、共同体にとっていつも「新しい」行為である。共同体は文化や関係を保存する。ゆえに、どんどん古くなる。家名を重んじたり祖父母の名前を継いだりしながら、力関係を維持しようとする。旅は、その力関係、その共同体から離脱する行為である。さらに、安定的な共同体に、外部から異質なもの、新しいものを運んでくる行為でもある。旅はいつも、共同体にとっては、目新しい。しかしこれは、裏を返せば、安定的な共同体という「古い世界」が、射手座の旅では常に前提とされているのだ。世界のあちこちに、伝統を守っている確固とした共同体がある。その共同体のあいだを転々と、真理を探し求めて歩き回る。どこまで遠くに行っても、そこには、誰かがいて、なにかがある。この「だれか・なにか」は、古い。観光地はたいてい「歴史的建造物」や「歴史的な場所」「古都」「遺跡」である。観光客は、訪れた土地で一番古い場所に出かけていく。その土地に棲む人が滅多にゆかないような場所を訪れて、時間をムリヤリ遡ろうとする。射手座の旅の新しさはかならず、古い世界に包み込まれている。射手座は自由の星座だが、それは、厳然と存在しつづける古い世界があってのことだ。宇宙に遠征に出て行って決して本星に戻らないような自由の旅は、水瓶座のものである。

もし、出会いと別れが同じくらい簡単なネットワークが世界を完全に支配してしまったら、射手座的な「離脱」と「真理を求める」旅は、成立するだろうか。どうも、なり立たないように思われる。射手座の旅は、時間を遡る。哲学を学ぼうとするとたいてい、プラトンとアリストテレスから始めさせられるが、これは射手座的な旅のルートに重なる。

射手座は主観の星座である。情熱の火の星座であり、直観の星座でもある。射手座は理知の星座でありながら、決して客観や実験や純粋な論理のためだけの論理には縛られない。射手座の星のもとに生まれた人々の心には、不思議にプリミティブな、未分化な価値観が備わっている。忠誠を重んじ、正しさを愛し、時に敬虔でさえある。リクツを生きる人は殉教しないが、射手座の世界には殉教という純粋な選択肢が今もなお、馴染むように思われる。この世には命よりも大切な真理がある、という価値観は、今も射手座の星のもとに生まれる人々が持つもので、これは客観とは関係がない。射手座の人々の強烈な魅力の源泉は、多分、この辺りにあるのだろうと思っている。

射手座 ― 理想の星座

〝「ところが拙者の見るところ」と、ドン・キホーテが反論した、「理性を失い、魔法にかかっているのは、むしろあなたのほうですな。（中略）」〟
（セルバンテス著 牛島信明訳『ドン・キホーテ 前篇（三）』岩波文庫）

2021年11月、「ドストエフスキー生誕200年」の見出しをあちこちで目にした。そのドストエフスキーが生前、世界で最も偉大な文学作品として挙げていたのが『ドン・キホーテ』だ。騎士道物語の読み過ぎで、自ら遍歴の旅に出た郷士ドン・キホーテ。彼は自分が夢見ている世界を目の前の現実世界に投影する。当然そこでは矛盾が起こり、あらゆる悶着が勃発するが、彼はその「現実と夢の矛盾」を「魔法」と解釈する。自分以外のみんなは悪い魔法にかけられているので、真の現実が見えないのである。もちろん、他の人々からすればドン・キホーテが夢を生きているに過ぎないので、しばしば彼を説得し、夢を覚まそうとする人が現れる。しかし遍歴の騎士ドン・キホーテは「魔法にかかっているのはあなた方だ」と反駁し続ける。

ドストエフスキーが『ドン・キホーテ』を愛したと知って、真っ先に思い浮かんだのは『悪霊』のステパン先生の姿だった。『悪霊』の終盤、夢破れ老いた一文学者が、熱い旅の夢に浮かされて一人、冷たい荒野を歩いてゆく。この作品で彼の存在はある種滑稽に、つまりドン・キホーテ風に描かれているが、読み手の私は彼を全く笑えないし、嫌いにもなれない。なぜなら彼は「高潔な魂の持ち主」だからである。この「高潔な」人物という表現はドストエフスキー作品に散見されるが、日本では文学的にも日常的にも、なかなかお目にかからない。なんとなくイメージは湧くのだが、私は本当にこの表現を理解できているのかな、と心許なかった。しかし先日、この迷いを解く説に遭遇した。

〝「情念」とか「魂の情感」といった概念は、聖書的、神学的であったのに対して、「感情」というカテゴリーは、有機体や自然などの概念も含む科学的な語に

由来した。〃

〃キリスト教的宇宙観にとって、感じることができるという能力は、人間の本質の特徴であり、「理性と並んで人間の精神において特別に高貴で、優れていて、気高いものの特徴」だったからである。〃

（ヤン・プランパー著　森田直子監訳『感情史の始まり』みすず書房）

ドン・キホーテの気高さ、ステパン先生の高潔さは、人間の「感情」が未だ科学的肉体というシステムに回収されきる以前のありようだ。感情がすべて肉体化され、動物化されるまえの感情世界だったのだ。

たとえば現代的な感覚では、高貴で気高いと称される人々は、たいてい利他的である。他者に対して善を行うからこそ、その人は世の中において「高い精神」を持つとされる。「イイ人」イコール「他人に親切な人」なのだ。動物は利己的だが人間は利他的になり得る、という考え方も、まだ厳然と存在している。しかしドン・キホーテやステパン先生は、他者のために何かをしたいと考えていたわけではなかった。「キリスト教的宇宙観」に照らせば、彼らの「高潔さ」は神のためだったと考え得るだろうか。否、神はいたかもしれないが、それは動機でもゴールでもなかった。なにか全く別の原理で燃えさかり溢れかえる夢と情熱が、彼らを旅に導いたとしか見えない。その先に何の目的もない、ただそれ自体を目的とする夢と情熱を生きること。これはまさに、人間様だけがやることだろう。利他的にエサを分けてやるようなことは、犬や猫だってするのだ。

私たちは日々「なんのために？」と問われ続け、問い続ける。それは何の役に立つのか、その行動は何のためなのか、それでいくら儲かるのか。ある行動にはいつも別の目的や正義がくっついていて、無限に意味の連結が行われる。しかしドン・キホーテやステパン先生が生きた夢と情熱は、「なんのために？」の問いを拒否する。「なんのために？」と問う心こそが「理性を失い、魔法にかかっている」のである。

＊＊＊

12星座には「支配星」、つまり王様のような星がそれぞれ、割り当てられている。星は神々の名で呼ばれているので、「守護神」のようなイメージで捉えることもできる。ギリシャ・ローマ神話の神々はそれぞれキャラクターが立っていて、個性的だ。12星座の世界観は、この「支配星」のキャラクターと密接に関わっていて、時にはぼ、同一視される。

木星、ジュピターは、ギリシャ神話では最高神ゼウスである。このジュピターに支配されている星座が、射手座と魚座だ。ちなみに1846年に海王星が発見されて以降、魚座の支配星は海王星ということになり、木星は「魚座の副支配星」とされている。星占いの成立は紀元前数千年まで遡るので、望遠鏡がないと見えない星は当然、もともとのシステムに含まれていない。星占いの基本的なしくみは、肉眼で見える天体で作られている。

木星は星占いの世界において、高貴なもの、優れたもの、権威あるものの象徴である。富裕さや寛容さ、巨大さも木星の管轄である。また、木星は知性とも関係が深い。哲学や専門的な学問、神学、真理を探究する知的活動は、木星の支配下に置かれている。木星はひろやかで、肯定的で、力強い。これらはすべて、射手座の象意とも言える。

学究のイメージにフィットする星がもうひとつある。土星である。土星は苦悩の星であり、内省の星、隠者の星でもある。同じ高度な知性を求める態度であっても、土星の暗さと木星の明るさは、非常に対照的だ。これは、実際に天体を見上げてみるとよくわかる。２０２０年の年末、木星と土星は約20年ごとに起こる「大会合（グレート・コンジャンクション）」を果たし、くっつきそうなほどに近づいて寄り添った。木星は大きく明るく見え、土星は少し黄色みを帯びて小さく、暗く光っていた。小さく暗く、動きの遅いものは、遠くにある。木星が憧れや理想を求める、ドラマティックな冒険旅行なら、土星は長い細い道をひたすら歩き続けていくような、「狭き門より入る」旅を連想させる。

ドン・キホーテやステパン先生が抱いている純粋な熱狂には、木星的なイメージが重なる。私はそう思う。射手座‐木星の世界観は、なにか現世的な利益を追求したり、損得勘定の合理性で判断したり、ということから限りなく遠い。もちろん、射手座の星のもとに生まれた人々の中にも、ビジネスで大成功を収める人はいる。しかしそれは、「お金を儲けて自分を守ろう」というような、功利主義的な発想とは動機を異にするのだろうと思う。射手座はハンターの星座なのだ。ビジネスの成功は、狙った獲物を勝ち取るのに似ている。その純粋な快感の追求が、結果的に現世的成功に結びついただけなのではないだろうか。射手座の人々はしばしば「賢い人ならそんなことはしない」と言われるようなことをする。しかし、射手座は知性の星座であり、彼らは賢いのである。この「賢さ」は、ドン・キホーテの知性であり、ステパン先生の知性である。射手座的知性は、何かを生産しようとはしない。ただ、自ら膨らませた美しく熱いイマジネーションのど真ん中を狙って、的を射貫こうとするだけなのだ。その矢はどこまでも飛んでゆく。どこに飛んでゆくかということについて、射手座の人々はほとんど執着しない。なぜなら彼らは内心で、自分が狙ったのが「イマジネーションである」ということを理解しているからだ。

しかしそのイマジネーションとは、なんだろう。真に美しいもの、正しいもの、清らかなもの、あるべきところのもの。絶対に忘れてはいけなかったのに誰もが忘れてしまった、あの大切なものこそが、彼らを燃え立たせるイマジネーションの正体なのだろう。それを理想と呼んだり、信仰と呼んだり、科学的倫理と呼んだり、愛や誠実やその他諸々、あらゆる「善いもの」の名で呼ぶことができる。悪い魔法にかかった人々には決して見えないものが、彼らにだけは見えている。

木星も土星も、知性と関係が深い。土星はものごとをつめたく切り分けるロゴスだが、木星は内側に様々なものを取り込む。未分化な細胞には、その先様々なものに分化していく可能性が詰め込まれている。切り分けられて分業が完了した細胞には、もはやその先に何か別なものに変わる可能性はない。木星は鷹揚に、世界全部を包み込む器のように、膨張し続けていく。内側に可能性を取り込んで、膨らんでいく。射手座‐木星的な思想にはそういう意味で、未分化なものが含まれている。その先に何者にでもなりうるという自由、どんな夢でも追いかけられる希望、眠れる可能性が含まれている。

射手座の星を生きる人とともにあろうとする人々は、サンチョ・パンサやワルワーラ夫人のように、いつもやきもきして、不安でいなければならない。でも、サンチョもワルワーラ夫人も、心のどこかで、この矢のような人物が最終的には自分めがけて飛んでくる、ということを知っていたのではないかという気がする。ふたりの現実的な愛と忠誠は、夢見る旅人達が夢の果てに見いだす、リアルな到達点である。

山羊座 ― 力の星座

〝伯爵は、いきおいこんでそれをつかんだ。そして、まず題辞に目をそそぎ、それを一気に読みくだした。
《主曰く、汝は竜の牙をも引きぬくべく、足下に獅子をも踏みにじるべし。》
「そうだ!」と、彼は叫んだ。「これが御返事というわけなのだ! 父よ! 感謝します! 感謝します!」〟
(アレクサンドル・デュマ著 山内義雄訳『モンテ・クリスト伯(七)』岩波文庫)

『モンテ・クリスト伯』は言わずとしれた、復讐ものの大傑作である。若き船乗りエドモン・ダンテスは美しい恋人との婚約式の日、同僚や隣人の裏切りに遭い、スパイ容疑で逮捕される。孤島のシャトー・ディフ監獄に投獄された彼は脱獄を図ったが、ひそかに掘り進んだトンネルは大きくそれ、別の独房に出てしまった。そこに囚人・ファリア司祭がいた。碩学《せきがく》の司祭は無学なダンテスに深い教養を与え、二人は固い絆で結ばれる。十数年してファリア司祭が死ぬと、ダンテスは意を決して司祭の死体になりすまし、海に投げ込まれて牢を脱出、ファリアの残した財宝を手に入れる。そこから晴れて、彼の痛烈な復讐劇の幕が上がるのである。

「復讐」をテーマにした作品はたくさんある。ミステリー的な「謎解き」でなく、あくまで復讐自体がテーマとなっている作品では、復讐の手前で、主人公が葛藤に陥ることが多い。『ハムレット』はその最高峰だ。裏切られ、怒りを抱くところまでは正義でいられる。しかし「その先」は、どうだろうか。自分のやろうとしている殺人は「正しい」のか？　「怒り」という感情は他の感情同様、瞬間的に爆発して人を圧倒するが、少し時間が経つと、どうしても和らいでしまう。もちろん、感情の第一波のあとに「許せない」という感情が深く心に根を下ろすのだが、この「深く心に根を下ろした感情」は、さくさく人を害せるような激しい衝動にはならない。怒りを抱いた復讐者は、自分の復讐を客観視し始める。神はこれを許すのか？

引用の『モンテ・クリスト伯』もまさにそうだった。この加害行動は、本当に正義なのか？　それを保証してくれるものを求めて、復讐のあと、彼は自分の原点である監獄に立ち戻った。監獄はすでに観光名所となっており、ファリア司祭の手記が残されていた。ファリアの書いた引用部の一行に、彼は自分の復讐への啓示を受けた。彼は、正しかったのだ。

復讐者はあくまで、正義を求める。だからこそ、自分の加害が正しいと知りたい。ダンテスのように保証がもらえるケースはマレだ。自分を殴った人間を殴り返した瞬間「お前もそいつと同じだ」となる可能性がある。自分は加害者と同じなのか。それとも、違うのか。復讐者はしばしば、その「境目」に立つ。彼らを足止めするのは倫理や正義のようなものだけではない。ボールを握っているのは復讐者であり、彼らは「神」に一番近い場所に立たざるを得なくなってしまうのだ。

中上健次『地の果て　至上の時』のラスト近くで、主人公はじっと立ち尽くす。彼は呪い続けた父の、自殺しようとする姿を見つめつつ「静止」した。エドモン・ダンテスもまた、復讐者として自ら手を下したのではなかった。裏切り者達が不幸のどん底に陥るように、徹底的に「仕向け」はしたが、最終的には「彼らが破滅するのを見ていた」だけだったのだ。ハムレットもまた、裏切り者の側から明確なアクションを起こされるのを、待っていたかのようだった。

長く抱かれた怒りは、人を静止させる。人の目をひらかせ、見たくないものも、見たいものも、すべて見せようとする。たとえばレヴィナスの言う「顔」が、そこに見える。

＊＊＊＊

山羊座は「力」の星座である。この「力」は、世を統べる力、人々を支配する力、組織を運営し維持する力、すなわち「権力」に近い。西洋占星術は北半球で生まれており、北半球の季節感と強く結びついている。山羊座は冬の最も厳しい時期、太陽の光が一番弱まる時期を担う。植物を枯らし尽くし、動物を眠らせ、全てを冷たい氷と雪の下に覆い隠してしまう自然の猛威に、人間はただ、集団として結束することで対抗しなければならない。ひとりぼっちのまるはだかで真冬に放り出されたら、ほとんどの人は死んでしまうのである。たった一人の才覚で切り抜けてゆくには、冬はあまりに厳しい時間なのだ。山羊座の世界観の根底には、そういう意味で、人を助けたいという真剣な、切実な愛情の分厚い層がある。

一方、人間集団の中で生きてゆくこともまた、厳しい。一人一人が自制し、他者との関わりの中で自分の役割を得て、他者のために生きていくことが求められる。たとえば食料は備蓄を取り崩して消費される。正確な計算、シビアにコントロールされた分配がなければ、春まで持ちこたえられない。「食べたいだけ食べる」を許すわけにはいかないのだ。山羊座は悲観と自制と責任と義務とコントロールの星座である、ということが、このことから容易に納得できる。最悪の場合を想定しながら、持てる力を管理して生き延びる。自分だけでなく、周りにいる人々をも守り生かす。家畜の世話をし、集団内の弱者をケアする。だれもがなんらかの役割を担い、それを全うしなければ、集団の機能が瓦解する。厳しい大自然に立ち向かうための現実的な知恵と力が、山羊座の世界観の骨格なのだ。

集団が集団としてまとまるための立場性、リーダーシップ、権威も重要である。山羊座は権威主義とも関係が深い。誰を信任し、誰についていくかということがとりわけ重要なのだ。誰もが自由にしている、という状態は、集団を安定的に運営するには危険だ。射手座は狩猟民のイメージで、猟は単独行でも可能である。一方、山羊座は農耕民の世界である。定住し、集団で生きていくために、組織があり、権威がある。山羊座の星のもとに生まれた人々はしばしば、社会的な力を得ようと努力する。でもそれは、自分一人を富ませよう潤そうという動機からではない。山羊座の星を持つ人々が「上を目指す」のは、力を持ち、力を行使することで、よりよい社会を作りたいからなのだ。少なくとも出発点では、山羊座の人々の動機は、「利他」なのだ。

復讐者達が復讐を目指すのは、単に「頭にきたから」ではない。最初の一歩はそうかもしれないが、次にくるのは「こうした裏切りを許しておくことは、不正義である」という考えである。罰することが必要なのは、人間集団における道徳が維持されなければならないからだ。ある犯罪、ある裏切りを許しておけば、他の犯罪や裏切りがすぐに出来するだろう。人間は真似る生き物なのだ。人がやっていれば「自分もやっていいのだ」と考えるのだ。山羊座の対岸、蟹座の章に「模倣」について書いた。12星座は「ポラリティ（極性）」に貫かれている。対岸180度に位置する星座の価値観は、裏返しになっているのだ。

ある占星術家は、山羊座を「牢獄の星座」と評した。山羊座は城塞の星座である。外敵から堅く内部を守る構造を持っている。これも、蟹座の「甲羅の世界」に通じる。2020年、世界中でコロナ禍によるロックダウンが行われたとき、主要な星が山羊座に集まっていた。全世界の人々が投獄されたようだ、とその占星術家は綴ったのだった。

山羊座は力の星座である。その力を用いれば、他者を牢獄に閉じ込めることができるし、疫病から多くの人を守ることもできる。社会的な力は、自分を守り、大切な人を守り、より善い世の中を作るためにも使うことができる。しかし同時に、どんな力も、用い方を間違えば暴力となる。人間は弱い。特に、ひとりぼっちのときは、限りなく弱い。自然の猛威の前には無力だし、一時的な感情に流されて意思をゆがめ、正しい道が分かっていても、環境が悪ければすぐに逸れてしまう。山羊座の世界観においては、そうした人間の弱さが深く理解されている。だからこそ、規律や、権威や、組織などを重視して、弱い人間をなんとか守ろうとする。しかし、その延長線上に、抑圧という問題が生じる。山羊座の世界では、人間の弱さと、人間が持ちうる力との間で、常に葛藤が起こっている。

エドモン・ダンテスの葛藤もまさに、山羊座的な葛藤と言える。彼は絶大な財力と知力を手に入れ、この「力」を用いて自分を裏切った者達を罰しようとした。しかし、自分も含め、人間は弱い。神でもない自分に、裏切り者を裁く権利があるのだろうか。それは力の濫用ではないのか。彼は父と呼ぶほど崇敬したファリア司祭の手記にその答えを求め、司祭は彼に、力を用いることを許した。少なくともダンテスはそう受け取った。ファリアは山羊座の「権威」に相当する存在と言える。どんな王様も、どんな権力者も、自分が支配する相手と同じ人間なのである。山羊座は権力や支配者の星座とも言えるが、決して自分が何者かということを誤解しているわけではない。自分もか弱い一人の人間であるということから出発し、力を得た後で、またそこに帰ってくることになるのだ。

山羊座――山の星座

〝記紀神話においては、神々が人間へとしだいに変貌していくプロセスが、さまざまな形で物語られている。その変貌のプロセスはとりも直さず世界像の転換を暗示してもいるのだが、とりわけ神が「死」を認めそれを受け入れる時点に、重要な画期をおくことができるのではないだろうか。〟

（山折哲雄著『死の民俗学　日本人の死生観と葬送儀礼』岩波書店）

神様はふつう、死んだりしない。だが、日本の国作りの神・イザナミは、「埋葬」されている。ともあれ他の神々ではそのようなことはほとんどなく、「隠身《おんじん》」つまり「身を隠す」ことで、ストーリーから退場する。

前掲書では、天孫降臨後の神々が人と同じく「葬られて」いることから、古代の地理的世界観における「結界」を推理する。聖なる場所と俗なる場所の境目、あの世とこの世の境目。大昔から人間は、土地の上に目に見えない聖俗の境界線を設定してきた。日々の生活・生産の場と、例えば墓所のような禁忌の空間を分けたのだ。山や丘に陵を作ったことが、「山中の地下から地上に下ってくる＝ヨモツヒラサカ」のイメージに繋がる。日本の古代の集落、つまり「人が住む場所・この世」が多く盆地の中にあり、死に触れるような禁忌の地は周囲の山にあったために、「上昇（生）・下降（死）」のイメージが反転している。

私がこの一文から想起したのは、こうした地理学とは全く関係のないことだった。引用部の「神々が人間へとしだいに変貌していくプロセス」という表現を目にして、私は「お祭り」を思ったのだ。各地方のお祭りの多くは、農業と深い関係があるという。それは豊作祈願であり、収穫祭であり、とかく天候・災害に左右されがちな農業の世界で、必死に天に祈る営為だったはずだ。しかし、近代になって農業の「お天道様任せ」の部分が、だんだん人間の農業技術・流通システムに吸収されてきた。まだ天候に左右される部分は大きいとは言え、飢饉でバタバタ人が死ぬような状況は少なくなった。その点では、言わば「神々が人間に変貌」したと言えまいか。現に、農業にまつわるお祭りは徐々に「観光の目玉」と化し、天に祈る気持ちは「伝統的」

なものになってしまった。

２０２０年12月、星占いの世界では「グレート・コンジャンクション」と呼ばれる現象とともに、「地の時代から、風の時代へ」の移行が起こったとされた。過去２００年の「地の時代」の中で、大地の精霊や農耕神に祈りを捧げる風習は、まだ存在するとは言え、ごく弱まった。「〇〇の時代」が、それを支配する神々の「人間化」を意味するなら、「風の時代」において「人間化」するのは「縁」ではないか。なぜなら星占いにおける「風」は、「知」と「コミュニケーション」、そして「関係」を象徴するからだ。

もし、神様が人間になるのが「画期」なら、今私たちはどんな聖なるものを失おうとしているのだろう。たとえば、現代社会でいまだ「聖なるもの・神秘なこと」とされているのは、「出会い」である。「出会いに感謝」「不思議なご縁でこの仕事ができた」など、人と人との繋がりが生じることは「天からの授かり物」として尊重されている。盛大に祝われることと言えば誕生日、結婚記念日など「出会いの日」だ。現代にもちゃんと「神秘」は存在する。

出会いは偶然のものだった。もちろん家柄とか釣書とか、条件を揃える試みはあったけれど、趣味や価値観までチェックボックスにチェックして「検索」「マッチング」するなど、過去には考えられなかった。選べば、出会えなくなる。選択は人為だからだ。偶然の神様による「運命の出会い」も「記念日」も、今後は偶然性による聖性を失うのだろうか。人為的に「管理」され、ＡＩやアルゴリズムが「出会いの神様」にとってかわるのだろうか。

新たな「風の時代」のスタートの一方で、ひとつ前の「地」の世界は今、どんな意味を持っているのだろうか。「時代」が変わっても、地の星座が空から消えるわけではない。私たちは日々の中で、厳然と地の星座の世界観を生きる。火も水も風も、世界から消え失せることはない。特に、大切にしていたものが過去のものになろうとするとき、私たちは「失われたかけがえのないもの」に強い情念を感じる。あるいは「失うまい」とする。地から風への節目に当たって、たとえば「ものを持たない暮らし・ミニマリズム」を志向した人が「それでもこれだけは捨てられない」と抱きしめる心の宝物のような何かを、今多くの人が見いだしつつあるのかもしれない。そこには「聖性」がまとわりついている。

＊＊＊＊

山羊座を支配する星は、土星である。土星は時間を司る星とされる。星占いで用いる、肉眼で見える7つの星のうち、もっともゆっくり動く天体だからだ。ゆえに山羊座もまた、伝統的な文化や神社仏閣、遺跡、時代を超えて残る生き物の痕跡である「骨」などを管轄する。山羊座の管轄下にあるものは、時間の河に流れ去ることがないものたちなのだ。

世の中で真に力のあるものは、継続されねばならない。長い間続いているものはそれだけで尊敬され、尊重される。「歴史的にずっと続いてきた文化なのだから、ここで絶やすわけにはいかない」という言い方は、山羊座的である。権威と過去は、分かちがたく結びついている。真新しい権威、というのもなくはないかもしれないが、しっくりこない。内容はどうあれ、長い時を経てきたということ自体が、ひとつの力であり、聖性なのだ。

若いときには解らないのだが、年齢をかさねていくと、「時間の流れの中で、ものごとが生き残る」ということがどれだけマレか、ということに気づかされる。20年30年もちこたえることさえ、なかなか難しい。20年前の文物を「若い子が知らない」ということに驚きを隠せない30代がいるが、当たり前のことだし、自分たちもそうだったのだ。古いものは、それが残っているだけで聖なる風韻を帯びる。それは「多くのものはいとも簡単に消え去る」という事実と表裏一体なのだろう。山羊座は「残るもの」の世界である。残ったものは、真に力があったからか、または運が良かったのだ。「運が良かった」ということが「聖性」の感覚と結びついている可能性もあるのかもしれない。

山羊座は文字通り「山」とも関係が深い。ある占い手が、出生図（ホロスコープ）において山羊座に金星を持つ人の複数が「登山を趣味とし、山でプロポーズを受けた」というエピソードを紹介していた。もちろんこれは統計に基づいたデータということではなく、その占い手が個人的に体験した「照応」のエピソードである。天の様相と地上に起こった出来事が「不思議と、照らし合わせたように符合している」という主観的現象が「照応」だ。ゆえに、山羊座に金星があれば誰でも山でプロポーズされるとか、山羊座に金星がある人は山でプロポーズされるのがよいとかいうことにはならない。

引用部のように、山が聖なる場所とされるのは、日本文化だけのことではない。多くのお伽噺の中で、山には神様や仙人や妖精や妖怪や、その他諸々が住んでいる。山羊座は現実的な星座とされるが、その一方で「聖なるもの」と不思議に、強く結びつけられている。

伝統は、既に死んでいる人々の営為でできている。今生きている人が作った慣習は「伝統」とは呼ばれにくい。国家や文化、ルーツといったものもすべて、死者たちの物語に立脚している。古墳やピラミッド、古い墓は、盗掘に遭っている場合が多いが、たとえナカミが空っぽでも、大切にされる。その社会が背負ってきているものの証明が、墓だからなのだろう。

私たちは「現在」を生きている。過去などは振り返っても仕方がないと思われている。墓は要らない、散骨してくれと希望する人も珍しくなくなった。しかし、過去は本当にそんなに、私たちを簡単に解放してくれるだろうか。死んだ人たちは本当に、現代を生きる私たちが信じているほど、私たちと「関係ない」のだろうか。山羊座の世界観の中には、墓がある。それは、忌まわしいケガレを隠す場所ではなく、歴史や世の中の正当性を象徴するものとして存在している。人間は、長い時間の流れから、簡単に自由にはなれない。少なくとも、なにかしら過去から背負っていけるものがなければ、それに反発することさえできない。私たちは自分が何者かを問うとき、常に未来ではなく、過去を振り返る。そこには聖なる墓がある。神々の眠る場所がある。山羊座の世界には朽ちない神殿があって、人間はそこから出てきて、最終的に、そこに帰っていくのだ。

山羊座という星座は、権威や支配、責任や義務、そして「時間」、古さと結びついている。ゆえに、「山羊座生まれ」の人々からはしばしば「他の星座の方が良かった」という声が聞かれる(蠍座もその傾向がある)。山羊座の一般的なキーワードは上記の通り、確かに、あまり陽気ではない。しかし、現実に山羊座の星のもとに生まれた人々は、ユーモアとサービス精神に溢れ、アーティスティックな才能に恵まれている場合が多い。ゴージャスなセンスと確かな審美眼を持ち、享楽的な雰囲気を漂わせる人も少なくないのだ。彼らは人を楽しませること、自分も楽しむことを愛している。また、時に露悪的と思えるほど、脱線することもある。

山羊座の陽気さやたまさかの無軌道ぶりを目にすると、山羊座が牧神パンに結びつけられていることを思い出す。パンは山羊の脚をして頭に角を生やしている。この「山羊の脚」は、「下方の力、大地、茂み、本能などを象徴する」（アト・ド・フリース『イメージ・シンボル事典』大修館書店）とされる。「人間が抱えもつ抑えのきかない自然の力は、大むかしから強力なエネルギーと見なされていた。ただそれを大いなる善の力にするには、どうしても訓練だけは必要だった。そのようにしつけないと、このエネルギーはいたずらに猛威をふるったあげく、悪の力になりはてるのが関の山なのである。」（フレッド・ゲティングズ『オカルトの図像学』青土社）。『イメージ・シンボル事典』によれば、パンはキュベレやディオニュソスと同類の神だという。「おそらくパン（牧神）のもっていた文化的な役割はディオニュソスによって受け継がれることになったのであろう。」。ディオニュソスは酒と陶酔、解放の神である。狂乱の祝祭で知られる酒の神が、山羊座の世界観と地続きになっているのだ。

オカルトの象徴は多くの場合、両義的である。山羊座のある種の抑圧の向こうに、祝祭的な神がまつられていると考えると、これはこれでバランスがとれているように思われる。祝祭、ハレの場は、聖なる場である。その場だけで許されることがたくさんあるのだ。

お祭りで楽器を奏で、カラオケで一番盛り上がってみせる山羊座の人は、家で十八番を入念に練習している場合も多い。楽しみと「努力」もまた、表裏一体なのだ。

水瓶座 ― 友愛の星座

〝歴史上の悪い奴は一人ではタイしたことは出来なかった。だからいいのである。悪い奴が団体をひきずったらやることが大きくなる。そうして、歴史はまだ団体で善いことをした記録を残していない。

善いことをした者は個人だけなのだと私は思っている。〟

（深沢七郎著「色即是空記」『人間滅亡の唄』徳間書店）

もちろん、これは極論であって、「善いことをした団体」もあるはずだ。深沢七郎が言う「団体」は、軍隊や企業のようなものだけでなく、およそ人間が複数いればそれは「団体」である。この後に続いて出てくるのが離婚礼讃だ。夫婦もひとつの団体なので、離婚すれば個人となる。

『楢山節考』で絶賛を浴び、ミュージシャンでもあった深沢は、その内容が皇室の侮辱であるとして起こった「風流夢譚事件」の後、埼玉で「ラブミー農場」を始めるなど、生き方自体で多くの人を魅了した。私は深沢自身の著作以上に、深沢との関わりについて書かれた嵐山光三郎の『桃仙人 小説 深沢七郎』が好きだ。本書によれば、深沢には親しくした人を突然「斬り捨て」るクセがあった。もちろん文字通りのことではなく、いきなり関係を断ち切ってしまうのである。

もしかすると冒頭の引用のように、深沢本人は、自分の交友関係が「団体」になりかけたなと感じて「斬り捨てて」いたのかもしれない。だが「斬り捨てられる」側はたまったものではない。ショックを受けるし、傷つく。おそらく、恨む人もいただろう。嵐山光三郎はしかし、一切の恨みを抱いていない。深沢の訃報をうけとって、彼は「しまった。一生の不覚だった」と後悔した。「オヤカタが生きているうちに、なぜ出かけていかなかったのか。」。

「最後にぼくも斬りすてられましたが、そのことをふくめて、深沢さんは、アクマのようにすてきな人でした。」。これは、あとがきの一文である。森のふかふかの腐葉土のような慈愛の感触が『桃仙人』を包んでいる。人は人を、こんなにやさしく愛せるものなのか。

12星座は、牡羊座から魚座までの旅程である。星々は（イレギュラーもあるが）12星座を順々に進んでいく。星座はひとつひとつが文化を持った国であり、ひとつの国から次の国に移動する時、意味の飛躍が起こる。文化には、長所もあれば短所もある。更に言えば、長所と短所は表裏一体である。その星座の文化の長所を生き切り、短所を極め尽くしたところで、その短所を根本的に解決するための飛躍が起こる。これが、星座と星座の境目である。私にはそのように思われる。

ゆえに、水瓶座を語るには、その手前の山羊座から語り始めるとわかりやすい。山羊座は深沢的に言えば「団体」の星座で、水瓶座は「個人（の集まり）」の星座なのだ。人類は自然の猛威に対抗するため、集団になって生きるという戦略を選択した。人間社会は「団体」の集まりだ。夫婦関係まで「団体」とするならなおのこと、そういうことになる。でも、団体は辛い。深沢の言うとおり、団体は悪事に手を染めやすい。２０２０年、「コロナ禍」が世に浸透しはじめた頃は「マスクやトイレットペーパーの買い占め」がたいへん糾弾された。あれとて「転売目的」はともかく、善意の行為でもあったはずなのである。何も自分のお尻の心配だけであんなに買ったわけではないのだ。家族のため、社員のため、身近な人のために、トイレットペーパーを死んでも確保しなければならない。そういう気持ちになった人々が、たくさんいたのだ。「お国のため」「愛する家族のため」なら、殺人も「善」になる。

山羊座は「団体」を担う。それはひとつの大切なしくみである。ただ、そこは閉じた世界であり、ヒエラルキーに守られている。外部に対してはとことん排他的になることもある。どの星座にも善い部分と悪い部分がある。山羊座的「団体・組織」の外側に出ていこうとするのが、水瓶座のしくみである。水瓶座は個人としての自由を扱う。そして同時に、フラットで対等な「友愛」を扱う星座でもある。実は水瓶座は「ひとりぼっち」の世界ではなく、山羊座同様に社会的集団を象徴するのだが、それはガッチリ固められた支配関係に基づく「組織」ではなく、「出入り自由で、上下関係もない」ような、ネットワーク的集団なのだ。

山羊座的団体から水瓶座的ネットワークにシフトするには、一度、山羊座的な結び付きを「解体」しなければならない。「離婚したカップルが、離婚前よりむしろ良い関係を築けている」という話を耳にするが、これは「団体」を解消して「友」になった、ということなのかもしれない。切断のあとに、友愛が来たのだ。

深沢七郎がもっと長生きしていればいつか、彼が「斬り捨て」た人々と、また再会できたのだろうか。『桃仙人』を読んで、私は、それが可能だったのではないか、という希望を持ったのだ。

＊＊＊＊

「水瓶座」という名称から「水の星座」とカンチガイされがちだが、水瓶座は「風の星座」である。水は感情、風は論理である。水瓶座は論理、理知、客観、批判、反骨、科学技術、自由、自立、そして革命の星座である。ウェットなエモーションとはおよそかけ離れたキーワードで語られる。しかし水瓶座は、友愛の星座でもあるのだ。

水瓶座の愛は、わかりにくい。硬い「水瓶」という論理性、客観性の器の中に、「水」、すなわち優しく繊細な愛情がたぷたぷ収まっているからだ。外から叩けば、冷たく硬質な音しか返ってこない。でも、内側には溢れんばかりのエモーションが揺れている。

愛と言えば恋愛や家族愛のような、ごく密着したイメージが思い浮かぶ。でも、世の中には「友愛」という、もう少し広やかな愛がある。「友愛」は「恋愛」に比べて、どちらかと言えば薄い、軽いものと考えられる向きもあると思う。でも、前述の嵐山光三郎が深沢七郎にかたむけた「友愛」を思うと、むしろ恋愛や家族愛のような近さがないからこそ、より深く強くなる思いもあるのでは、と考えたくなる。たとえ相手に「斬り捨て」られても、後になって「なぜ出かけていかなかったのか？」「アクマのようにすてきな人でした」と思えるような友愛とは、いったいどんなものだろう。私個人として、そうした友愛を経験したことがあるだろうか、と考えると、自信がない。でも、それはこの世のどこかにちゃんとある。そしてそれは、星占い的には、水瓶座の管轄なのである。

人間は他者と関わりを持ちながら、どうすれば自由であり得るか。このテーマに、多くの人が苦しむ。人間には愛着があり、独占欲がある。依存心も、依頼心もある。一方で、縛られたくない、自由でいたい、思い通りにしたい、という思いも強くある。寂しさが怖くて望ましくない人間関係の中に身を置く人もいれば、傷つけられるのが怖くて孤独という牢獄に閉じこもる人もいる。どちらも悲劇である。

自由と孤独は似たイメージで捉えられることもあるが、両者は対極にある。人間は孤独の中で、最も不自由になる。「独房」が懲罰になりうるのは、そのためだろうと思う。どんなにたくさんの人間が周りにいても、気持ちが通じ合う相手がおらず、その場で疎外されているなら、その人は孤独であり、自由ではない。水瓶座は真の自由の星座である。だからそこには、孤独という独房はない。心が誰かと触れあっていなければならないのだ。

水瓶座は、関係に縛られることも、孤独に閉じ込められることもない、理想の生き方を探す旅を象徴している星座のように、私には思われる。水瓶座は自由の星座だが、そこにはちゃんと、心の結びつきを持てる他者がいる。「心の結びつき」は決して、その人の自由意志を縛らない。そんな状態が果たして、実現できるものだろうか。水瓶座の星のもとに生まれた人々は、その理想を追い求める。まるで、あるかないかわからない、地球外生命体の住む星を探しに出かける、宇宙旅行のようである。

人間は一人一人が自分という皮の袋に閉じ込められている。わずかに目や口や耳や鼻のような窓があいているが、他者のナカミはほとんど見えない。他人の頭の中をあけて見ることはできない。私たちは生まれてから死ぬまで、ほとんど手探りで世界を嗅ぎ分けて、わずかばかりの認識を得ただけで死ぬ。大学者でも、小学校しか卒業していなくても、その人が死ぬときに抱いている世界への認識はそれほど大きく違うものだろうか。もし、世界の全てを知っている存在が在ったとするなら、多分、私たちが知ることのできることなど、本当にちょっぴりなのだろうという気がしてならない。心から愛する相手であっても、長い間ずっと寄り添ってきた相手であっても、その本当の気持ちは、想像することしかできない。わからないのだ。

「関係」の星座である風の星座、すなわち双子座、天秤座、水瓶座のテーマには、このことが深く刻み込まれている、と私は感じている。人間は自分の中から抜け出して他人の心に直接触れることはできない。決して本当のことはわからない。風の星座は知性とコミュニケーションを司る。しかし、その出発点は「私たちはそもそも、互いに切り離されていて、本当に触れあうことはできない」という絶望にある。「母子分離」などはその最たるものである。どんなに密着していても、血を分けて乳をもらっていても、成長の過程で必ず「分離」していく他者なのだ、という絶望を、誰もが体験するのだ。人と人との間には、風が吹いている。決して融合しない。この絶望をスタートラインとし、「それでもなお！」という希望をゼロから抱こうとするのが、風の星座の「関係・コミュニケーション」というテーマなのである。この希望は、時に愛と呼ばれたり、友情と呼ばれたりする。

特に水瓶座の「瓶と内なる液体」の構造は、「人間が皮の袋に閉じ込められている」状態にぴたりと重なる。水瓶座の星のもとに生まれた人々は、硬質なロゴスと客観を愛する。評論し、批判し、改革しようとする。その一方で、彼らは痛烈な寂しさを抱えている。その寂しさを表現する言葉を持たないままに、苛立ちや怒りとして寂しさを「噴出」させることもある。彼らの愛は、しばしば、わかりにくい。ただ、そのロジカルな言動の動機、その批判や批評の根拠を深くたどると、そこには清らかな情愛しかない。なんの利己的な意図もない、ただ情愛しかないという「瓶のナカミ」に、ふと気づかされることがある。

水瓶座 ― 平等の星座

〝実際のところ私はいまでは、悪は常にただ極端であることはあっても決して根源的なものではなく、深みを持たず、また魔力 Dämonie も有していない、と考えています。それはまさに、菌のように表面に生え拡がるからこそ、全世界を荒廃させ得るのです。〟

(マリー・ルイーズ・クノット編 細見和之他訳『アーレント＝ショーレム往復書簡』岩波書店)

『エルサレムのアイヒマン』上梓後、ハンナ・アーレントは今で言う「大炎上」に見舞われた。第二次世界大戦中、ドイツが行ったユダヤ人虐殺の「実行犯」として裁判にかけられたアイヒマンを、アーレントは「凡庸な悪」と評したのである。ユダヤ人社会から見れば、彼は紛れもない大悪人であり、断罪されなければならない存在だ。しかし、アーレントがその目で見たアイヒマンは、「ごくありふれた官僚的人物」でしかなかった。彼は「悪人」だったのではなく、「自分のしていることがどういうことか全然わかっていなかった」だけだったのである。

現代的な眼差しで捉えれば、アーレントの言うことはいかにも納得できる。しかし彼女の同時代人たちには、許すべからざる裏切りと映った。彼女のもとにはたくさんの批判がとどき、友人や仲間たちからも非難が浴びせられた。引用部は、そうした批判や非難への、彼女からの返信の一部である。

世の中に禍が起こるのは、悪魔的な悪人がいるからである。その悪人をやっつければ、世の中に善と平和がもどる。こうした「勧善懲悪」はいつだって子供から大人まで大人気の、ステレオタイプのイマジネーションだ。傷ついた人が多ければ多いほど、悲しみが大きければ大きいほど、人は象徴的に巨大な「悪」を必要とするものなのだろう。

しかし、アーレントはそうした人間的希求を「却下」した。彼女は長い悲しみの歴史のなかで培われた底なしに深い民族感情を、ただ理知と論理の刃だけで、堂々と逆撫でしてみせたのである。彼女は、「自分が何をしているか」わかっていた。

＊＊＊

菌のように表面に生え拡がった悪は、人間の根源的な部分までを汚染するわけではない。アーレントのこの見方は、平たく言えば「罪を憎んで人を憎まず」という考え方に通じるように思われる。「罪を憎んで人を憎まず」とは、罪を犯した人間でも、その罪を離れる可能性がある、ということだ。さらに、どんな人間でも、置かれた環境によっては罪を犯しうる、ということでもある。内面的に優れていようがいまいが、人間の表面を覆い尽くす菌のような悪は、置かれた環境次第で誰の上にも生えのびるのだ。

「あなたと私は違う人間である」と考えることから、あらゆる差別が生じる。確かに人間にはそれぞれ、様々な性質や状態の違いは存在するが、それが「根源的なもの」でも「深さを持つもの」でもない、と考えることで、差別の解消に一歩進むことができる。

この観点は、風の星座的であり、水瓶座的でもある（ちなみに彼女は天秤座生まれだ）。水瓶座は公平と平等の星座とされる。水瓶座の星のもとに生まれた人々は、差別や不公平を徹底的に批判する。かつて12星座別の本を出したとき、水瓶座のオビコピーを「宇宙人とも友達になれる。」とした。たとえ地球外から来た生命体だったとしても、水瓶座の人々は決して頭ごなしに「あなたと我々は違う」とは考えないのだ。

水瓶座は古い時代、洪水や灌漑事業と結びつけられていた、という説がある。人間の文明は大河の周りに起こった。大河は肥沃な土地をもたらすが、同時に、つき合いの難しいドラゴンでもあった。人間は古い時代から水路を確保するために格闘し、水を引くことによって高度な文明を建設してきた。水瓶座はそうした人間の集団的技術開発と結びついている。みんなで作ったものの恩恵を、みんなで受ける。奪い合うのではなく、分かち合う。水瓶座の世界観は、そうしたイメージによく重なる。

ひとつ前の山羊座の世界では、人間集団は力やルール、上下関係、立場性などによってコントロールされる。王様や神々がいて、市民がいて、軍隊があり、奴隷がいる。罪を犯した者は裁かれ、罰せられる。内部に所属する者と、外部から来た者とでは、当然扱いが異なる。山羊座は城塞の世界である。どんな会社組織にも社内文化があるように、城塞の中では独特の文化が形成され、「中にいる私たち」と「外部のあなたがた」を分けようとする。これはすべて、集団を守るために行われる。構成員はそのことに納得している。組織としてまとまることで、外部の脅威や自然の猛威に対して、強くなれるからだ。

この世界を抜け出した先の世界が、水瓶座である。水瓶座では、上下関係や支配関係は解体される。内外を分ける城壁はない。中と外の区別がない。でも、そうしたフラットな人間集団として協力体制を作るのは、かなり難しい。マナーもしきたりも重視されず、個個人の個性が尊重されるとなると、「まとまる」こと自体が不可能になる。なぜ協力するのか、なぜ集団で行動するのか、いちいち議論しなければならない。全員が納得する意義を見いだすことはできないかもしれない。でも、話し合ってなんとかするしかない。一人一人の意志と自由は、何よりも大切に守られる。

山羊座的世界観の中では、アイヒマンは容易に再生産される。「上の命令に従うことが自分にとっての責任であり、美徳でもある」と多くの人が考える。一方、水瓶座的世界観においては、アイヒマンは生まれにくいだろうか。しくみとしては、生まれにくいかもしれない。ただ、「菌のように表面に生え拡がる」悪に対して、それほど強く立ち向かえるかというと、そこまでは言えないようにも思われる。なぜなら「客観」を求める心は、「他者の声」に左右されやすい心とごく似ているからだ。みんなで相談して、合意しよう、という思いは、「みんな」の動向に流される。水瓶座は、時代の星座であり、流行の星座でもある。どんなに古いものに対抗し、自分の頭で考えているつもりでも、大きな集合的無意識の潮流にたったひとりで逆らい続けることなど、なかなかできることではない。

陰謀論や極端な思想によって、多くの人がコミュニティやネットワークを作るという現象が世界のあちこちに生じている。社会からの疎外感を抱く人々がやさしい友情や「真実」を求めてその集団に参加している、といったレポートもしばしば目にする。人は人と、結びついていたい。社会的な居場所を得ていたい。12星座の中で山羊座と水瓶座は、人間が社会の中でどのような居場所を持ちうるか、ということをどこまでも追求する世界のように思われる。人間が集まれば大きな力が生まれるが、一方で必ず問題が起こる。古来、人間はそのことにずっと悩み続けてきたし、今も悩み続けているのだと思う。

水瓶座が「科学技術の星座」であるということは、非常に特徴的だ。人間が自然に望むこと、あたりまえのようにやってしまうことについて、水瓶座の世界観は「それはどういうことなのか？」と疑問を投げかける。たとえば、人間はアイコニックなものに弱い。封建制が廃された今でも、「ロイヤルファミリー」のニュースは大人気だ。王様がいて王子様やお姫様がいて、という風景に多くの人が強く惹きつけられる。圧倒的に邪悪な人間がいて、その人間が罰せられることにカタルシスを感じる。栄光を手にした人が頂点から転落するようなドラマに、みんなが注目する。前述の「勧善懲悪」しかり、「判官贔屓」しかり、人間の心が無邪気に魅力を感じる世界観は、そこら中に散らばっている。

水瓶座の世界観は、そうした魅力的なステレオタイプに「ＮＯ」を突きつける。プリミティブな世界観を無邪気に楽しむ人々に冷水を浴びせるようなことを言う。「あなた方と私はちがうのだ」という考え方が、その向こう側に潜んでいるからだ。表面にキラキラと見えている「違い」は、根源的なものでも、深いものでもない。そのことを見つめ続けるのが、水瓶座的な眼差しなのだ。

魚座 ── 境界越えの星座

〝誰かをそんなに憎むというのは、何か自分のうちにあるものを憎んでいることなんです。アレックスは純真とか、神とか、希望とかいう、少年時代の失われた幻影をそうして憎んでいるんです。マーチメーン夫人はそれに堪えなければならないんですから、たまりませんよ。〟

（イーヴリン・ウォー著　吉田健一訳『ブライヅヘッドふたたび』ちくま文庫）

1920年代、主人公のチャールスはオックスフォード大学で最愛の友セバスチアンと出会い、友の「家」であるブライヅヘッドの不思議な世界に巻き込まれていく。この「不思議さ」は半ば、セバスチアンの母や兄の熱烈なカトリック信仰から生じている。神との心の距離が人々を近づけたり、遠ざけたり、まるで磁場のように作用する。磁場の中心には、ブライヅヘッドの古い礼拝堂が置かれている。

この物語には、くり返し「分身」が登場する。美貌の大学生セバスチアンはぬいぐるみのクマ「アロイシアス」を抱えて登場する。青年の守護聖人アロイシアス、ヘミングウェイによればたしか「善いカトリックの名前」だ。チャールスはのちにセバスチアンと遠ざかった後、彼そっくりの容貌の妹・ジュリアと恋に落ちる。セバスチアンの父であるアレックス・マーチメーン侯は引用部のとおり、彼の内なる幻影を妻に投影して憎み、遠ざけている。引用部はマーチメーン侯の愛人ケアラの台詞だが、セバスチアンのもう一人の妹のコーデリアも、まるで二重奏のようにこう語る。「私は人が神を憎みたい時にはママを憎んだんだと思うことがあるの。（中略）つまりね、ママは聖者のようだったけれど、聖者じゃなかったのよ。本当の聖者を憎むことは誰にも出来ないでしょう。神を憎むことだって出来ない訳よ。それで、神とその聖者達が憎みたい時は、誰か自分に似たものを探して来て、それが神だっていうことにしてそれを憎まなけりゃならないの。」。

重ね合わせ、幻影、身代わり、分身。私たちは何かに注意を引かれたとき、何かに魅力を感じたとき、それとは別のものを心の中で透かし見ている。ふと漂ってきた花の香りに「これは何の花だろう」と考えるとき、記憶に刻まれた別の時空の花の香りを嗅いでいる。同窓会で再会した旧友の顔の中に、遥か昔の顔の印象を探し出そうとする（もとい、私は今のところ同窓会というものに一度も出る機会がないが、たぶんそんな感じだろう）。光源氏が終生、藤壺の宮の幻影を追い求めずにいられなかったように、はからずも大人になってしまった人間は、目の前のあらゆる存在を、見ているようで、見てはいない。

星占いにもこうした「重ね合わせ」のイメージが存在する。「ダブルボディーズ・サイン」だ。双子座、乙女座、射手座、魚座の4星座がそれで、「柔軟宮」とも言う。双子は読んで字のごとく「二重」の存在である。魚座は「双魚宮」、二尾の魚が結び合わされた形になっている。射手座は「半人半馬」、2つの存在が結び合わされている。乙女座は「処女宮」、たとえばこの星座としばしば関連づけられる聖母マリアは「母なるもの」と「きよらかな処女」のイメージの重ね合わせである。

たとえば、昨今話題になりがちな「炎上」「バッシング」現象では、自分自身の「叩いた動機」に無自覚な人が多いように見える。何を叩いているかはわかっても、「なぜ叩きたくなったのか」には気づかないのだ。感情的で弱い自分を憎む人ほど、自分の動機に気づかない。動機は全て感情だからだ。第三者の目には明々白々でも、当人には、おかしいほどにわからない。「わからないし、わかりたくもない」。「重ね合わせ」を自覚したとき、私たちは人生の危険地帯に身を置くことになる。無自覚の鎧が破壊され、仮面が割れ、プライドは深く傷つく。しかし、魚座の世界では、この傷つきが起こらない場合も多いのだ。

魚座の「二尾の魚」のしくみは、意識に上っているのとは別の「もう一方の自分」に目を向けることを容易にする。あるいは、一方の自分ともう一方の自分を自由自在に行き来する。魚座の星のもとに生まれた人々は「変幻自在」である。たったひとつの理想や価値観に固執して生きる、といった生き方とは無縁なのだ。魚座の人にも、固い理想を生きる人はいる。しかし、時間が経ち、状況が変わり、時代が変わると、全く別の考えを語るようになっていたりする。これは「変節」ではない。魚座の人々は自分自身に縛られることがないのだ。

＊＊＊

魚座は「境界線を越える」星座である。現代のうお座の星座絵には二尾の魚が、しっぽ同士を結びつけられた形で描かれる。しかしメソポタミア時代の星座絵には、二尾の魚ではなく、「ツバメと魚」が結びつけられた図が描かれていることがあるそうだ。ツバメは空を飛ぶもので、魚は水を泳ぐものである。両者のしっぽが結ばれてしまったら、たいへん都合の悪いことになる。しかし人間の心や生き方というものを考えてみると、これは妙に説得力のある図に見えてくる。空を飛びたい気持ちがあり、海を泳ぎたい気持ちがある。空を飛ぶものはどんなに憧れても海を泳ぎ回れないし、海の生き物もまた、空を自由に飛ぶことはできない。できないことと、できること。憧れと、「しばり」と。

私たちは様々な境界線に区切られた世界で、様々に縛り付けられながら生きている。国境や人種、年齢、社会的立場、性別や経済格差、学歴、言語のバリア、無数の境界線が人と人とを隔てる。この境界線をもし、自由に越えることができたら、どんな気持ちがするだろうか。実は、魚座はそうした境界線を、無効にする星座なのだ。

魚座は、12星座の中で一番「言葉にしにくい」星座だ。私はそう感じている。魚座の人々には、魚座「らしさ」というものがほとんどない。魚座の人々はなんにでもなれるからである。社交的な人もいれば、引きこもりがちな人もいる。強気な人もいれば、弱気な人もいる。明るい人もいれば、静かな人もいる。そして、その人たちは「ずっとそのまま」ではない。人が変わったように変わる可能性があるのだ。これはもちろん、他の星座にもありうることだが、魚座の星のもとに生まれた人々において、その変幻の自在さは際立っている気がする。

さらに、魚座の人々が他者に向ける眼差しも、「境界線を越える」。たとえば、全く個性の異なるように見える人物同士が激しく敵対していたとして、魚座の人々にはちゃんと「一方がもう一方に、自分の内面的な何かを投影している」ということが見えてしまったりする。表面的には対照的な二人であっても、その関わりの中に何か強烈な相似があるのを見抜いてしまうのだ。

魚座の星のもとに生まれた人々には、他の人々には見えている境界線が、しばしば、見えていない。オフィスで隣の机にあるボールペンを無意識に使ってしまったりする。人が他者に対して張り巡らしているバリアが見えないので、するりとその懐に入り込んでしまう。

人間の脳は、身の回りの世界についてのたくさんのモデルを持っているそうだ。しかし、私たちが認識している（と感じる）のは、たったひとつの世界である。たとえば、心理学の教科書などには、見方によって老婆にも少女にも見える絵、というのがよく紹介される。あるいは「ルビンの盃」と呼ばれる図も有名だ。二人の人間が見つめ合う横顔のシルエットにも見えるし、ひとつの盃の絵にも見える。こうした図・絵は、「同時に両方を認識すること」はできない。横顔を見ようと思えば横顔だけが見え、盃を見ようと思えば盃だけが見える。しかし、その両方を「行き来すること」は可能だ。更に言えば「盃しか見えない」「横顔しか見えない」と言い続ける人もいるかもしれない。

多分、魚座の古代のモチーフである「ツバメと魚」は、「両方を行き来すること」のイメージにつながるのかもしれないと私は考える。一枚の絵が、老婆にも少女にも見える。両方を同時に見ることはできないが、両者をなんども行き来することは可能なのだ。世の中の解釈を、人の気持ちを、自分の生き方を、他者との関わりを、魚座の人々はいろいろなやりかたで「行き来」しながら捉えているのではないか。だからこそ、ひとつの解釈だけにとどまる必要がないのだろう。一度に認識できることはひとつだけであっても、「行き来」することによって、全体を捉えることが可能なのだ。

そういう意味では、魚座は「時間」という隔たりすら越える世界観だと言えるかもしれない。ある時点での像と、他の時点での像を重ね合わせてやっと「全体を認識した」と感じられるのであれば、人の長所も、短所も、いやだった思い出も、楽しい思い出も、最終的には全て重ね合わせて、その全体が「その人」であると捉える。そんなやり方が可能ならば、二人の関係は永遠に続いていくに違いない。

魚座の人々は、本質的には、他者との関わりを「切る」ことをしない。徹底的な別れ話をしても、一時的に離れても、いつかまた、波が寄せては返すように戻ってくる。それは、気が変わりやすいからではなく、上記のようなしくみによる。過去のその人と未来のその人はすべてがその人であって、その重ね合わせの中に世界があるからだ。

魚座は、海の星座である。海をハサミで切り刻むことができないように、魚座の人々の生き方もまた、現世的な理屈や境界線で切り刻むことができない。

魚座の世界では、牡羊座から水瓶座までの世界よりも、次元がひとつかふたつ、増えている。ゆえに、魚座の人々が遂げる飛躍のことは、それまでの星座の人々にはほとんどわからない。たとえば、他の星座の人々は一切の飛行手段を持たないのに、魚座の人々だけがドローンや潜水艇を持っているようなものである。さらに彼らはタイムマシン的なものも持っている。魚座以外の星を生きる人々には、魚座の星の人が

「どこからきたのかわからない」。別の次元を通って訪れるからである。いつのまにか心の近くにいて、それ以降は、いつでもどこかにいてくれる。

魚座 ― 救いの星座

〝きみのことが知りたい、それが答えだ。よりによってきみのような人間がどうして戦争に加わることになったのか、それも、きみの居場所などまったくない戦争にだ、それが知りたい。きみは兵士ではないだろ、マイケルズ、滑稽なやつだよ、道化、いや木偶《でく》の坊だ。このキャンプに何の用がある？　ここじゃ、めらめらと燃える髪をしてきみの夢に出てくる、執念深い母親からきみをリハビリさせるためにできることなど何もないんだ。（私は話のなかのこの部分を正しく理解しているかな？　とにかく私なりに理解すると、そういうことなんだが。）〟

（J・M・クッツェー著　くぼたのぞみ訳『マイケル・K』岩波文庫）

答えは「否」だ。若い医師は、軍事訓練中に倒れて病棟に運び込まれた、老人のようにしか見えない32歳の「マイケルズ」に、こんな手紙を書いた。でも、この本を冒頭から読みふけってきた読者の私には、医師の「理解」はほとんど間違いだとわかっている。「マイケルズ」が軍事訓練に放り込まれたのは、ほとんど偶然みたいなものだ。彼は元庭師で、亡母の望みでたどりついた廃墟の農園でカボチャを育てていただけだ。戦争には加わっていなかった。彼の居場所など戦争にはなかった、とはわずかに正解。彼は兵士ではない。それも正解だが、彼は滑稽でも、道化でも、木偶の坊でもなかった。そもそも彼は「マイケルズ」ではなく、「マイケル・K」だ。彼はキャンプには何の用もない。彼は母親に取り憑かれてなどいない。ただ、焼き場への想像力が少しばかり強かっただけだ。「リハビリ」など必要ない。

何も食べず痩せ細る「マイケルズ」を、医師はとても心配する。彼を理解したくて気が狂いそうだ。でも、医師はどんなに頑張っても「マイケルズ」を理解できない。なぜなら、医師は医師のわかりたいようにしかわかることができないからだ。医師は彼をどうにかして助けたい。なのに「マイケルズ」はどうしても「助けられてくれない」。

このシチュエーションには既視感がある。メルヴィルの『バートルビー』だ。「そうしないほうがいいのですが」と答え続け、誰からの理解も援助も拒んでただ「そこにい続ける」バートルビー。バートルビーは読者にとっても謎そのものだ。一方のマイケル・Kは作品前半と終わりの部分で、半ばモノローグに近い三人称により、自分の内面を雄弁に語っている。マイケルにはちゃんと、内的な世界がある。希望もある。死にたいわけではない。読者にはマイケル・Kがある程度以上にわかっている。だから、医師とマイケルの徹底的な隔たりに呆然とする。こんなに「わかりたいのにまったくわからない」をべろんとむきだしに描いた作品は、ちょっと思い出せない。神様のいない聖堂で、医師の歌う見当違いの聖歌がむなしく反響する。読者は悄然《しょうぜん》としてそれを聴く。

人が助け合うこと、傷を癒し合うこと、ケアすること、救いの手を差し伸べること。これらのことは一般には、完全に「いいこと」だとされている。しかし、たとえば介護の現場では、周囲が本人にとって「いい」と思うことを、なかなか本人が受け取ってくれない。お風呂に入ってほしいのに、入浴を断固拒否される。運動させたいのに、散歩の提案を拒否される。かと思えば勝手に外出して徘徊、迷子になってしまう。「助けたいのに、助けられてくれない」悩みは深刻だ。「ケア」とは、助ける方と助けられる方の共同作業が成立するということなのだ。

２０２０年のアメリカ大統領選挙におけるバイデン大統領のスピーチで「癒し」というキーワードが出てきて、私は驚いた。このように優しい、デリケートな言葉が、政治家の演説に出てくるのか。世界は今それほどに傷ついているのだ。

「傷ついた人を癒したい」という思いは、誰にも湧いてくる自然な衝動だが、「癒される」側はどうだろう。「助けてもらう」ことは、本当に難しい。プライドが、自立心が、無理解が、それを不可能にする。自覚するとしないとにかかわらず、いつでも、たくさんの人々が深く傷つき、癒しを必要としている。しかしたとえば「癒される側」としての心の準備は、そんなに簡単にできるものだろうか。マイケル・Ｋには「救われる」道があったのだろうか。

＊＊＊＊

今、私の住む京都の街では、しばしば托鉢僧が家々に訪れる。大きな声で呼ばわりながらやってくるので、最初は何事かとおどろいた。キリスト教でも、仏教でも、神道でも、寄付や寄進をつのる。煌びやかな寺院を見れば「なんのことやら」と思わないでもないが、聖なるものを「この目で見たい」という庶民の欲望に応えることも、清貧を貫いて信仰に生きることも、どちらも大切なことなのだろうと思う。

宗教は、民衆が救いを求めるところのものだと考えられている。しかしそのおわんに500円玉などを入れる時、多くの人は彼らから何か見返りを期待しているわけではない。もちろん、自分の魂が救われることや、苦悩が終わることを願ってお金を入れる人もいるだろう。僧に、自分のために祈って欲しい、自分の代わりに祈って欲しいと期待する人もいるだろう。だがむしろ「喜捨をした」というそのこと自体によって、多くの心が微かに救われている。

見返りを求めることなく他者に優しくする、という行為は、それ自体が自分自身を救う場合がある。もし、自覚せずに見返りを求めていたら、その心は傷つけられるだろう。感謝や返礼を求めてしたのに、なんのリアクションももらえなかったら、「やらなければよかった！」という怒りが湧いてくる。その点、心の底から「何の見返りも求めない」状態で誰かをわずかにでも助けることができたとき、私たちは限りない幸福を味わえるものだろうと思う。「自分が、一切の見返りを求めなかった」というそのこと自体に、救われるのだろうと思う。

魚座は「救いの星座」である。魚座的な「救い」を考えるとき、どうしても思考の途中で「救う側」と「救われる側」が逆転してしまう。誰かを本当に助けたと思ったそのとき、救われたのは「助けた側」ではないのか。自分の中にそのようなきよらかな善があったという事実に、感激し、感動し、生きる自信や意味をわずかに摑むことができるのではないか。

マイケル・Kと彼を救おうとする医師。バートルビーと、彼を何とか救おうとする法律事務所の「所長」。どんなに懸命に働きかけても、相手はいっこうに応えてくれない。いくら祈っても応えてくれないのは、まるで神様のようだ。応えてくれないものに働きかけることに、意味はあるのだろうか。働きかける側は「いつかは応えてくれるかもしれない」という可能性に賭けている。「働きかけ方を変えれば、応えてくれるかもしれない」と考える。相手を「わかりたい」という欲求と、自分の誠意や優しさを「わかってほしい」という願いは、光と影のように表裏一体で、分かちがたい。「私の思いをわかってくれなくてもいいから、救いだけを受け取ってほしい」と思うことは果たして、人間に可能なのだろうか。生まれたばかりの赤ん坊にさえ、人間は「反応」を期待する。「無私の」「無償の」行為というのは、この世に本当に存在するのだろうか。

なぜ、人は人を救いたいと思うのか。それは、相手の苦しみが自分のものとして「わかる」と思えるからだろう。相手の辛さが想像できる、さぞかし苦しいだろう、だから、助けたい。このとき、痛みや苦しみは「助けたい」と思っている側にも入り込んでいる。苦しみを想像して胸に抱く自分がいて、苦しんでいるかもしれない相手がいる。相手の苦しみをわかりたいと願い、助けたいと思う自分の気持ちをわかってほしいと念じる。救おうという気持ちが相手に伝わり、相手が救いの手を受け入れてくれた時、救う側の心が何よりも救われる。こうした「入れ替わり」が、救いの場では何度も起こっている。魚座の魚は二尾いる。救う者と救われる者、その立場が何度も、くり返し入れ替わっているかのようである。この「入れ替わり」が何度も積み重ねられていった先に、人と人との分かちがたい心の結びつきが生まれる。もとい、ただ一度だけしか「入れ替わり」が成立しなかったとしても、心の奥深くに、そのことが静かに根を下ろす。

キリスト教において古い時代、魚はイエス・キリストの象徴だった。魚座は宗教とも結びつけられている。「救済」はごくキリスト教的なテーマである。イエスが十字架にかけられるために捕らえられた時、弟子達は師を見捨てて逃げ去った。イエスは孤独になった。この孤独は、救おうとしても理解されない孤独、マイケル・Kの医師の孤独、バートルビーを前にした所長の孤独と同じものではないか。現実に、この孤独を誰もが知っている。反抗期の子供の前で親が感じる孤独、片思いの相手が恋人を得た時に感じる孤独、電車で席を譲ろうとして、断られた時の孤独。愛の働きかけを理解されず、一人取り残されるときの孤独を、多くの人が知っているはずだ。

魚座は愛と救いの星座である。ゆえに、涙の海である。この涙の海を越えて、人間は他者を愛そうとする。誰かを愛そうとするとき、誰かを救おうとするとき、そこにはもはや、社会的境界線など存在しない。ただお互いの苦悩や孤独への、わかちがたい共感があるばかりだ。

そして本当に時折、奇跡のように、愛が受け取られる。魚座の世界観において、その奇跡は「期待されない」。しかし、希望されている。期待と希望は、別々のものだ。期待は想像し、予期し、待つ行為である。それは無言の要求とも言える。一方の希望は、ただ光に照らされるような、無防備の、無条件の思いである。希望は祈りに似ている。

魚座は祈りの星座でもある。

星占いの世界観

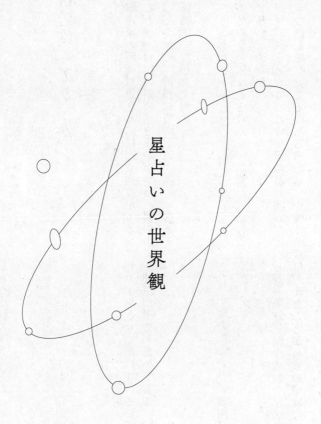

占いは「アリ」か。

劇作家の阿藤智恵さんには過去何度か、インタビューをさせて頂いているのだが、あるとき、面白い夢の話をうかがった。夢の中に、神様が出てきたのである。阿藤さんはとっさに、神様に質問した。

「演劇は、ありますか?」

この「ありますか」は、一般に言う「それってアリかなあ」というのと同じ「ある」だろう。私はそう考えた。「演劇は、アリですか」。

アリか、ナシか。

一見、何を言っているのか解らない問いだけれども、多分、創作活動や自己表現のような活動をしたことのある方なら、一度や二度は考えたことがあるのではないだろうか。

2011年の東日本大震災の時、日本中が震撼《しんかん》し、直後は特にあらゆることが「自粛」された。あの闇のような、長い長い黙禱のような時間の中で、多くのアーティストが「自分のやっていることに意味があるのだろうか」と自問するのを見かけた。「音楽なんか、意味があるんだろうか」「絵を描くことに、何の意味があるだろうか」。圧倒的な破壊と膨大な悲劇を目の前にして、多くのクリエイターが、無力感にまみれたのだ。「音楽は、アリなのか」。

もっと直接、人命や衣食住に関わるような仕事をしていた方が良かったのではないか。世の中には他にもたくさん仕事がある。自分のやっていることは果たして、「仕事」なのか。

もちろん、ほとんどの人が「平時の仕事と、緊急時の仕事とは別のものだ」とわかっていた。「今は何もできないけれど、少し落ち着いたらきっと、自分たちの表現や創作が必要とされる」ということをわかっていた。更に言えば実際には、多くのアーティストやクリエイターが炊き出しや物資の支援など多くのボランティアに参加して、素晴らしく「役に立つ」働きをしたのだった。

しかし「音楽は、芸術は、アリなのか」という問いは、わりと本質的なものなのではないか、と私は思っている。人の生き死にや衣食住に直接的に関わるものではない仕事、「それがなくても、生きていくには別にこまらない」仕事。もちろん、ファンに訊けば「そんなことはない、是非歌って欲しい、あなたが歌ってくれるから私の人生に潤いがあり、意味が生まれる」と言ってもらえるだろう。それでも、どうしても、アーティスト達は、作家達は、表現者達は、心のどこかに「こんなことは無用なのではないか」という空虚を抱き続け、決して答えの出ない問いを生きていくものではないだろうか。

阿藤さんの夢の話を聞いたとき、私はぼんやりと、「占いはどうかな」と考えた。

占いは「アリ」か「ナシ」か。

少なくともある場では、完璧に「ナシ」である。たとえば小学生が学校の先生に訊いたら、「占いは、信じてはいけないよ」と言うだろう。あれはインチキだから近づくな、と言うかもしれない。それは正しい。少なくとも今のところ、占いにはなんの科学的裏付けもない。人間理性に照らした合理的な説明ができない「占い」になど、頼ってはいけない。悩みがあったら、信頼できる身近な人に相談し、自問自答し、本を読んだり芸術に触れたりしながら、自分で乗り越えていくべきだ。そう教えるのが、立派な先生だろう。

私は12星座占いの本を書いており、編集者さんからその「ジュニア版」を出すように要請されたことがある。だが私は、強硬に反対した。子供は、占いや宗教儀式などが妙に好きなのである。マジカルな世界への心のハードルが、とことん低いのである。まだ、科学と幻想の区別が、よくつかない子だっている。星占いの本で「蟹座と牡羊座は相性が悪い」などと書いてあろうものなら、「私、牡羊座の子とはつきあわない」と決めてしまうようなことだって、現実に起こるのだ。「子供には、占いは、危険です」と私は言った。

しかし、2人の子供を産み育てている編集者さんの圧倒的熱意に押されて、出してしまった。人間の熱意とは、恐ろしいものである。幸い（?）、編集者さんが期待したほどには、売れなかった。よかった。

では、大人の社会にとってはどうなのか。占いは「アリ」なのだろうか。

私は、基本的には「ナシ」だと思っている。大人にとっても同じことである。科学的根拠がない。そして、倫理的にも問題がある。未来を盗み見て現在の方針を決めよう、などというのは、いわば、カンニングではないか。私たちは自分で自分の未来を決定できる、という前提があるからこそ、人の善悪を問える。もし、未来がすでに（読み取れる程度に）決まってしまっているのなら、なんでも「運命のせい」である。犯罪者を裁いたりできないことになる。もちろん、これは極論だ。実際の占いの場では、運命は少なからず変えられる、という立場に立って占いが行われることが多い。しかし、占いは本質的には、その行為において「未来は読める程度には決まっている」という前提に立っている。

占いなんか当たらない、当たらないのにお金を取るのは悪だ、と言う人もいる。当たらないから悪なのだろうか。もし「必ず、完全に当たる占い」があったら、どうなるだろう。多分、時の権力者から見れば、脅威であろう。禁止されるか、隔離されて特定の人に使われるか、ということになるにちがいない。占いは「当たらないかもしれない」から、今のところ無力なものとして、お目こぼしを頂いている。当たる占いのほうが、よほど社会的には「悪」なのではないか。

名作コミック『パタリロ！』に、ザカーリという占い師が登場する。「ほんとにあたるのか」と訊かれて、彼はこう答える。「というより　ぼくの占《うらな》いは　まだはずれたことがないのです」。このセリフは核心を突いている。というのも、占いと人生は、同じしくみのもとに成り立っているからだ。

先日、漫画家のキダニエルさんのコミックエッセイを読んだ。お母さんの闘病記録である。お母さんはまだ50代で急性白血病にかかり、かなり厳しい状況に陥る。医師の説明を受けた後で、弟さんはこう言った。

「考え方によっては　難しい病気でも　治ることはある」「逆に言えば　死ぬわけがない　と思ってても　インフルエンザとかで死ぬこともある」「いくら確率が悪くても　宝くじは　どこかで誰かが必ず当たりを引いとる」（『連載を打ち切られた実家暮らしアラサー漫画家の親が病で倒れるとこうなる』（講談社「コミックDAYS」）より）

そうなのである。「5年生存率10％」という科学的な数字の中に、私たち一人一人の「人生」は、どうしても、読み取れないのである。もとい、心頭滅却して悟りを開けば、読み取れるのかもしれない。でも、煩悩にまみれた私たちには、その10％に

「自分が入るのかどうか」だけが大問題なのだ。科学的な情報は、その痛烈な問いには、なんの正解もだせないのだ。どんなに低い確率でも、生きのびた人はいたのだ。

「科学的には、答えが出ない」問題は、生活の中に山ほどある。「このケースなら10人中9人が離婚しています」でも、離婚しないこともある。「一般に、この年齢で転職はほぼ絶望的」でも、転職できてしまうこともある。自動車事故よりもずっと確率の低い飛行機事故を怖れて、飛行機に乗れない人がいる。

未来が恐ろしい。今の迷いを吹っ切るための、答えが欲しい。なんとか明日に一歩踏み出すための、希望が欲しい。

占いは、そうした切実な願いのまえで、全ての確率の中から、その人のためだけの「たったひとつ」の答えを引っ張り出すのだ。たとえ、それがデタラメであったとしても。

どんなにたくさん人間がいても、どんなにたくさんの統計を取っても、自分自身の人生は、自分にとってたった一回である。この就職、この試験、この結婚、この病気が、自分にとって今このとき、一回きりのことである。科学的実験なら何度も追試ができるし、「再現性」が何よりも重要だ。でも、私たちには何度も人生をやり直して仮説を立て直し、選択肢を変えてみる、ということは不可能だ。たった一回しかない人生の前では、再現性は問えない。何十万人を母集団にとった「割合」も、参考にしかならない。もとい、参考にすらならないのである。

占いは、この「一回性」の前に、臆面もなく立とうとするのだ。だから、占い師ザカーリは「まだはずれたことがない」と答えた。つまり、今までは当たってきたかもしれないが、次は当たるかどうか、わからないのである。これは、私たちが一回こっきりの自分の人生で何かを選び取ろうとするときと、同じ条件だ。百戦百勝のアスリートも、次の試合に勝てる保証はない。無事故無違反のドライバーが、ある日突然、事故を起こしてしまう。たった一人の大天才の方法論は、他の人には参考にならない。人生の一回性とは、そういうことである。

人間が人生の選択をするときと同じく、何の後ろ盾もなく、なんの裏付けもなく、徒手空拳で、占いは「絶対的に一回的な人生」に立ち向かう。もとい世界に散らばる様々の手掛かり、星や、手のひらのしわや、顔の道具立てや、筮竹《ぜいちく》や、水晶や、サイコロ、カード、数字、文字の画数、亀の甲羅、古くは生き物の内臓、その他のあらゆるものを持ちこむ。下駄でも花びらでもいい。溶かした金属を水に流し込む、などという危ないものもある。たった一度の人生を生きる私たちの、常に断崖絶壁の苦悩に、占いは、なんとか「ともにあろう」とする試みなのである。それが、溺れる者にとっての藁にすぎないとしても。

「占いは統計だ」と言う人がいるが、そうではない。実際、純粋に科学的な手法で占星術についての統計をとった人がいる。しかし残念ながら、今のところ科学的定説となるような結果は出ていない。

人間はどんなことにでも「法則」を見いだしてしまう。人間のアタマがそうなっているのだそうだ。「いわし雲が出たら、しばらくして雨が降る」というような、ある程度妥当な「法則」もある。その一方で、「あの人は雨女だ」「結婚するなら大安吉日」のような、何の根拠もない「法則」も多い。「ジンクス」もそのひとつだ。科学的根拠はない。なんのリクツもない。ただ、何度かそういう偶然が重なって、人の心が「隠されたルール」の幻影を見つけ出してしまう。

人間はおそらく、厳しい大自然の中で生き残るために、この「法則を見いだす回路」を作り出したのだ、と考えられている。いわゆる「ヒューリスティックス」である。状況を素早く読み取り、そこに「このような法則が成り立つのでは」という仮説を立てる。その仮説が正しいかどうか、実験や統計で証明しようとするのが科学だ。
でも、生活の中でいちいち、実験をしているわけにはいかない。その仮説が大してジ
ャマになるものでなければ、私たちは「立証」の手続きを踏まずに、そのまま仮説を
信じ続ける。「ジンクス」「占い」はおそらく、そうしたしくみで生まれたものだろう
と思われる。
古代の人々は巡る季節や繰り返される日夜の「時間」を測るために、星空を見上げ続けた。「この星がこの辺りに来ると、春が来る」「この星が見えるようになると、洪水が来る」といった「法則」は正しく機能し、季節にあった農作業を可能にした。その延長線上で、「あの星とあの星がちょうど180度になると、王が交代することになる」などの「法則」をも編み出した。これはもちろん、「統計」ではない。人間の心が、そのように「響く」のである。

人間の心の中には「象徴」を読み取るしくみがある。私たちは自覚するより遥かに膨大な「象徴」の欠片で世界を形づくり、そこに住んでいる。象徴を生きている、と言ってもいい。クリスチャンが踏み絵を踏めず、アイドルのファンがライブグッズに大枚をはたく。単なる無地のTシャツと、推しのバンドのツアーTシャツは、全く別

の意味合いのものである。紙幣は単なる紙には見えない。私たちが「象徴を生きている」とは、たとえばそういうことである。聖なるもの、特別なものをこの広い世界の中から探し出し、自分自身と結びつける。その結びつきを紡ぎ合わせて、自分の人生の物語を心に描く。占いもまた、そうした営為の延長線上にある。

「占いは、アリか」。そもそも、何に照らして「アリ」なのか。人の役に立つものならあってもいい、というものでもない。覚醒剤はとても頭が冴えて元気が出るらしいけれど、使ってはダメだ。人に喜ばれればいいか、というと、そうでもない。子供に甘いものだけやまほど食べさせたら、喜ばれるだろうが、ためにはならない。酒や煙草が「大目に見られている」ように、占いもまた、社会に「見逃してもらっている」だけである。実際、占いが禁止された例は、歴史に何度もある。占いが不安を一時的にでもやわらげ、生きる希望をくれたとしても、酒の酩酊と同様、まやかしに近い。原理的には「ナシ」なのだ。

しかし占いは、「ナシ」だからこそ、存在しているとも言える。それが「オカルト」の、本当の意味ではないかと思う。「オカルト」は、「隠す」という意味合いの言葉だ。たとえば、天文用語に「オカルテーション」というのがある。月がアルデバランを隠すような時に使うのだ。「オカルト」という言葉は、一般にはあまりいい意味で使われない。でも、私は「占いはオカルトだ」というのは、ある種の決意表明だと思っている。つまり、社会の外側に置かれ、隠され、場合によっては否定されているからこそ、成立するのが占いなのだ。落語に「昼間の幽霊は怖くない」と言う。占いもまた、そういうところがある。

日本文化では「なかったことにする」「ないことにする」ことが、よく行われる。うすいついたてを立てれば「個室居酒屋」である。襖の向こうからあからさまに気配がしていても、「ないこと」にできる。腹の底で思っていることが口からボロボロ出ても、片っ端から「失言」にされる。

「ないこと」になっている。だから、ついたてとカーテンの向こうで、こっそり占っている。隠されているからこそ、そこにあるかもしれない、自分だけの、たったひとつの真実を探しに来る人がいる。

占いは、ナシだからこそ、アリなのだ。少なくとも、今のところは。

占いという「アジール」

金を取ることだけが目的のうそつきどもによるいかさまにほかならず、世俗の法によっても教会法によっても禁じられている行為であるが、人間の好奇心によって行われ続け、哲学者がまねごとを行い、行商人が広めるもので、分別ある人間にとっては疑わしいことこの上ない。何の元手もいらず、決して成功することのない卑しむべき生業であり、最も広がりやすく、伝染性が高い不正であり、（中略）道徳性を汚し、天国をそしり、そして人間を困惑させ、不幸にする。

われわれは不思議《ワンダー》なものに飢えている。この詩的な欲求は、本物の科学によって満たされるべきものだ。だが現状は金儲けを目的とした輩《やから》が、超常現象や占星術といった迷信をばらまいて間にあわせており、（中略）にせのロマンを掻きたてる。無邪気で影響されやすい人などは、そうしたにせ物と、本物の科学の詩との区別がつかないくらいだ。

前者はピコ・デラ・ミランドラの『占星術反駁』の一節（ニコラス・キャンピオン『世界史と西洋占星術』柏書房）である。そして後者は、リチャード・ドーキンス著『虹の解体』（早川書房）からの引用である。

前者は15世紀、後者は2001年に書かれたものだが、まあ、何とよく似ていることだろう。占星術の起源は紀元前2000年頃まで遡ると言われるが、太古の昔ならいざ知らず、少なくともここ数百年はずっと同じような批判を浴び続けてきたのだ。にもかかわらず、「消えていない」。ドーキンスの言う「不思議なもの《ワンダー》」に飢える心だけが、「消えなかった」理由なのだろうか。

今回「倫理学と占いについて、一文を」というご依頼を頂いて、私は、自分の脳裏に刻み込まれた黄金の一言を呆然と見あげる思いでいた。即ち「占いは、不道徳である」というこの一言である。占いというものは、そのしくみ上どうしても不道徳であり、人の倫《みち》にもとるのだ。なんの言い訳もできない。

とはいえ、少し現実的な弁護をさせて頂くが、実際の占いの場は、とみに「倫理的」である。占い師の多くはごく倫理的なアドバイスを試みる（余人同様、占い師の道徳観も様々ではあるにせよ）。依頼者もまた、自分が思わず知らず不道徳な選択をしたから現在の苦境があるのではないか、と考える場合が多い。占う側も、占われる側も、基本的に「善く正しい生き方をしたい」と願っているのだ。

ただ、本稿のテーマである「倫理学」的な観点に照らせば、そこには論理的欺瞞があるといわざるを得ない、と私は考えている。

なぜ占いが不道徳なのか。

それは、前述の二人の言うように「金儲けの道具になるから」ではない。金儲けの道具になるものなら、占い以外にもいくらでもある。金儲けの道具になるものがすべて悪で、存在してはならないならば、世の中はまわっていかないだろう。

もちろん「あなたの将来にはなにもいいことがありませんよ」と言って客を脅し、「その悪運を抜け出すにはこのハンコとこのツボを買いなさい」と高額な物を売りつける、といった悪徳占い師は存在する。しかし、それは占い自体が悪いのではなく、「詐欺」という別の悪事である。騙しているのだ。結婚詐欺は結婚が悪いのではないし、寸借詐欺も寸借自体が悪いわけではない。詐欺が悪いのだ。

ポイントは、そこではない。

星占いには、一切の合理的・理性的・科学的根拠がない。

占いは、論理的には「自由意志」に背を向ける。

この2点において、少なくとも現代社会では、占いは不道徳だと「されねばならない」のである。

実は、星占いの歴史の中では、しっかりした学問的な統計手法を用いて、その正当性を証明しようとした人々もいる。膨大なデータを集めた精力的な調査も行われ、「有意かも！」というような研究結果が発表されたこともあるが、それが検証されてたしかな定説となったことはない。占星術には少なくとも今のところ、科学的な根拠はない。

人間として道徳的な態度で生きようとすれば、自分の語ることに責任を持たねばならない。「未来はこうなるでしょう」「あなたはこういう人です」と語るにあたって、そこに理性的に納得できるだけの合理的な理由がなければならない。しかし、占星術師はそこには、なんらの合理的根拠も持ち合わせていない。ただ「昔からそう言われる」「そういう説がある」「自分の経験的にそんな感じがする」「この研究家がこう言っている」程度の論拠しか出してこられないのである。こうした態度が、道徳的と言えるだろうか。私はそうは思わない。おそらく多くの占い師が、心の奥では「本当にそうなのだろうか？」という引っかかりを感じているはずなのだ。

さらに。

「私の未来はどうなりますか？」という問いに対して占いで答えようとするとき、そこではもはや「未来は（少なくともある程度は）決まっている」という前提に立っている。「決まっている」ということは、本人が自由に意思決定して未来を動かせるという考え方には、そむくことになる。

自由意志がなければ、倫理は成り立たない。人間が自分の行動を自分で意思決定できるからこそ、そこでは善が褒められ、悪が罰せられる。「自由意志」は、法律で言う「責任能力」とよく似たところがある。もし人生の全てが運命として予め決まってしまっているならば、「責任能力」はそもそも問えないはずだ。責任能力がないということは、本人に善悪の責任を帰すことができない。すなわち、倫理という考え方自体が成立しないことになる。人間に自由意志があるからこそ、悪を抜けだして善を行う可能性がたちあらわれる。もし、善人になるのも悪人になるのも「天」が決めているのだとすれば、善悪を本人に問うわけにはゆかない。占って読み取れる運命が存在するなら、善悪は人に問えず、倫理はない。

もちろんこれは極論である。

この点に関しては私の知る限り、多くの占い師が「未来はある程度以上に、本人の努力で変えられる」と考えているようだ。決して変えられない未来を先読みしようというのが星占いではなく、あくまで未来をより望ましいものに変えるための有益な情報として占いを用いるべきだ、という考え方が主流であるように思う。

現代では特に「心理占星術」というものが浸透している。星占いは未来を予言するものではなく、その人の過去から現在、未来に跨《また》がる心理的なマップとしてのホロスコープ（星図）を読み取ることで、自分の心をより深く知り、生き方をより善いものへと変えていこうとするようなアプローチだ。ユングの元型論的なシンボリズム解釈、「シンクロニシティ」の考え方、そして「布置」の考え方などがその基礎となっている。そこではもちろん「あなたは来年死にますね」といったような「予言」は一切出てこない。

ただ、そうした柔軟な「自由意志の肯定・運命の変更の可能性」をうたう星占いの裏側にも、私はやはり「自由意志からの離脱」のイメージを見つけざるを得ない。カント的な倫理観でいえば、「このさきどうなるか」という情報を元に現在の行動を選択しようというのは、まったくの不道徳だ。倫理的には、「未来がうまくいくかどうか」で現在の行動を決めるのではなく、「この行動が道徳的かどうか」で選択しなければならない。占い師を前にして「Aさんと結婚した場合と、Bさんと結婚した場合を比べると、未来の私はどちらが幸福ですか？」という問いを発するのは、それ自体がもはや不道徳であるはずなのだ。誠実な愛や、自分の責任、人の人生を引き受けようとする意志などがそこでは倫理的な問題となる。「未来の結果」に軸足を置いて「今」を決めようとする態度には、どこか不道徳な無責任性、自由意志の放棄が入り込まざるをえないのだ。

と、さんざん占いについて否定的な事を書いてきたが、私自身は占いを書いて日々、暮らしている。まさしくドーキンス先生の非難の対象となる存在だ。私は自分の仕事を不道徳で非倫理的なものだと考えつつ、毎日大量の占いを書いている。

私は、道徳的で倫理的なものだけがこの世に存在してもいい、ということではないと思っているから、それができる。私は、倫理や道徳という世界観には、「外側」があると思っているのだ。

それはたとえば「ハレとケ」のようなイメージである。「ケ」が道徳的倫理的に認められた正常な社会であるなら、「ハレ」は、意味不明の儀式に溢れ、一昔前なら「反社会的勢力」が屋台を出しておとがめのないお祭りのような場である（実際、神社仏閣、祭礼等には必ずおみくじ等の占いがある）。生活空間の外側、山のあなたのそら遠くから、鬼や妖精やサンタクロースとともに、占いはやってくる。特別な空間、特別な時間にたちあらわれて、人の生活をリフレッシュしていく。

ドーキンスは「人間は不思議《ワンダー》なものに飢えている」と言ったが、もうひとつ、人間が渇望しているものがある。それは、「この世界」と「自分」とのつながりである。私たちは何もわからずこの世にぽこんと産みおとされて、一人で死んでいく。この世界と自分との間に、確かにつながりがあると思えるのは、せいぜいしっかりと大人に守られている幼児の頃までだろう。ある程度大きくなり、一人で世の中に足を踏み出すようになると、自分が全くこの世から無視されているような気がする瞬間がやってくる。たとえば受験や就職、恋愛などでの失敗がその最たるものだが、他にも様々な場面で、「自分はこの世界の中で、全く無意味な存在で、放り出されていて、誰にも見つからぬまま死んでいくしかないのではないか」という突き抜けるような孤独を抱くことがあるだろうと思うのだ。もちろん、そうした感覚を抱かないまま一生を終える幸福な人もいるだろう。その人達は生涯、占いなどに一切触れずに生きていけるに違いない。

しかし。

神や、天や、とにかくこの世界というものと自分との間に、何かつながりがあり、自分という存在に意味がある、という思いを、誰もが持ちたいのだ。その思いがなければ、私たちはどんなにか辛いのだ。信仰でもいい、「星座」でもいい。なにかしらこの果てしない不可解な世界と自分との、「意味のつながり」がなければ、生の実感を持ちにくいのだ。

それをドーキンスのように「科学的知識から得よ」と言うのは、言うなれば、あまりに「上から目線」である。私たちは「誰にでも普遍的に当てはまることが知りたい」のではなく「自分というこの一回的な個性についての個別具体的真実を、信じたい」のだ。

「自由意志」についてはどうだろう。昨今、日本では「自己責任論」がよく説かれる。しかし、「自己責任」とはなんだろう。先日、ミュージシャンのジェイ・Zが、インタビューでこのように語っているのを読み、胸がふるえた。

「女性たちが職場で日常的にセクハラ被害に遭っていると聞けば、多くの人はそんな仕事は辞めるべきだとか、もっといい職場があるはずだとか言うだろう。でも彼女たちは、このアメリカで生きていかなきゃいけない。彼女たちがこの国で安心して働けるようになるには、社会に根付いている悪しき習慣を根底から正さなくてはならないんだ」（「トランプが激怒したジェイ・Zの「幸せの価値」発言」DANIEL KREPS https://rollingstonejapan.com/articles/detail/27983/2/1/1）

イヤなら辞めればいい、気に入らなければ出ていけばいい、ということは、まかりとおらないのだ。これはセクハラに遭っている女性だけの話ではなく、全ての人間に言えることだ。私たちの現実的な人生において、本当に自由に選べることなど、どれほどあるだろうか。生まれた場所、生まれた時代、持って生まれたもの、生育環境、そこから得た考え方の逃れがたいバイアス、様々な外的な条件から結局は「それを選ぶことを、半ば余儀なくされる」ようなかたちでしか、人生を歩めないのではないか。

占いは、私たちをいったん、「自己責任」の考え方から引き離してくれる。「だれのせいか」「だれが悪かったのか」「自分の行動によって未来が決まるのか」という激しいプレッシャーから、一旦アタマを解放してくれるのだ。「だれのせいでもない、そういうことになっている」というふうに。「だれのせいでもない」という前提で現在と未来を捉えなおしたとき、私たちは自責の念や後悔や嫉妬や罪悪感から少しだけ離れられる。認知の歪みがそこで少しだけ、ゆるむ。占いを通して、私たちは道徳と倫理の「外側」に出て、そこで、自分と人生をもういちど、うけとりなおそうと試みるのだ。

占いには、ほんとうは、「自己責任」はない。誰もあなたを責めない。あなたが悪いのではなく、運が悪いのだ。相性が悪いのだ。責任という枷をこうしていったん、はずすことで、今まで見ることのできなかった自分の現実を、おそるおそる、見ることができるようになる。

私は、オイディプス王の神話が大好きである。それについて長々しい文を書いたこともある。彼は「善い人」だ。どこまでも道徳的で倫理的な人だ。少なくとも、善くあろうとする人であり、智者でもある。しかし、彼は人間社会で最も不道徳な、倫理を踏みにじるような行動、すなわち「親殺し」と「母を犯す」という大罪を引き受けなければならなかった。この奇妙なオイディプス伝説の前で、多くの哲学者が倫理を、道徳を語ってきた。

占い師なら、オイディプスにこう言える。「それはあなたのせいではなかった」と。

占いは不道徳で、倫理にもとる。

それは倫理の外側にあって、道徳に追い詰められて弱った人々を出迎える。そして、不可解でなんの根拠もない言葉を囁き、その人に未来に向かうためのささやかな勇気を授ける。

私は、占いというものを、倫理や道徳という世界観からのアジール（避難所）だと考えている。

「善く生きよう」とすることは確かに、崇高な人生の目標である。しかし、「善」とはそもそも、他者との関係の上にある。無人島で一人ぼっちの人間に「善」はない。他者との交わりの中にだけ「善」がある以上、自分個人の意志ではどうにもならない部分が必ず出てくる。善を試みて失敗し、善から転げ落ちる。それを救うには、「善」ではもはや間に合わない。

占いは、ひとりでやるものである。占い師を前にしても、そこに占い師という人間はいなくて、占いの前に自分ひとりで立つことになる。占いは関わりの外側にある幾多のアジールの一つ、他者との関係から切り離されて自分ひとりになった人間を救うためのものだ。

人は「信じるか信じないか」を、選べない。口でなんと言おうと、心の奥底に引っかかる。感情の深奥がそれを呼ぶ。「あと数ヵ月でこの問題は解決しそうですよ」というその不可解な予言を胸の奥にこっそり握り締めたとき、明日を生きる小さな希望が湧く。

占いは、倫理の埒外になければならないのだ。

占いとはそういうものだと、私は思っている。

「風の時代」の星占い的思考。

２０２０年12月22日。

私は何度、この日付を書いたことだろう。「２０２０年12月22日、水瓶座で『グレート・コンジャンクション』が起こります。ここから向こう約２００年の『風の時代』がはじまります」。私だけでなく多くの占い手が、編集者や読者、クライアントからの「風の時代について教えて下さい！」との質問に答え続けていたはずだ。ファッション誌の占い特集、占いのムック、ラジオのゲスト出演、その他諸々で「風の時代」は本当にくり返し問われたテーマだった。この「くり返し」は２０２１年に入っても終わっていない。現に今、こうして書いている。星占い記事の執筆を生業にしている私の方がびっくりするほど、実に多くの人々が「風の時代」に興味を持ったのである。

私が最初に「風の時代」に出会ったのは、確か10年以上前、イギリスの占星術協会でのレクチャーの場だった。占星術研究家である鏡リュウジさん主催のツアーに参加し、そこで「ミューテーション」「水瓶座の時代（これは何百年か先の話で、風の時代とは無関係）」などの話を聞いたのだった。古代の占星術家たちが、人間の一生よりはるかに長い200年、800年という時間を「読みたい」と願った、その知的欲望の深さに、心を打たれた。

もとい「群像」の読者の皆さんには「風の時代？　そんなの聞いたことがないぞ」とお思いの方のほうが多いかもしれない。

「風の時代」とは、いったい何か。

技術的には、地球から見上げたときの、天体同士の位置関係の話である。以下、大雑把に説明してみる（占いのしくみに興味はない、という皆様は次の小見出しまで飛ばしていただきたい）。

■グレート・コンジャンクションとミューテーション

２０２０年12月、夕方の空に2つの星が意味ありげに並ぶあやしい光景を目にした読者もいらっしゃるだろう。あれがいわゆる「グレート・コンジャンクション」、木星と土星の「会合」である。「会合」とは、政治家や役人が料亭に……ではなく、天文関係でもよく用いられる言葉で、「地球から見上げた時、天体と天体が重なり合うように近づく」現象を言う。たとえば新月も、太陽と月の会合、と言える。もちろん、本当に星がくっついたりするわけではなくて、単に「地球から見て、近くに見える」というだけのことである。約20年に一度起こる木星と土星の会合だけが、特に「大会合」「グレート・コンジャンクション」と呼ばれる。前回は２０００年5月、その前は１９８１年1月と、かなり規則的な現象だ。

それが「時代」と、どういう関係があるのか。

実は、この接近が起こる「場所」が問題となる。木星と土星が、「空のどこで落ち合うか」、という話だ。空は広い。茫漠としている。古代の人々はこの茫漠たる空に、座標軸をひいた。その基準は「春分点」。冬から春に移行する時期、昼間と夜の時間が等しくなるタイミングに「太陽が位置している場所」を基準点としたのである。ここを基準に、太陽が1年間にめぐるぐるり３６０度（地球からはそう見える）を、30度ずつに12等分した。これが「黄道12宮」だ。春分点から30度までを牡羊座、次の30度が牡牛座、と続き、12番目の魚座まで来て、また春分点、つまり牡羊座0度に戻る。*惑星たちもこの黄道をグルグル回る。木星も土星も、この上を行ったり来たりする。ひとつまえの２０００年5月は、黄道上の「牡牛座」で落ち合った。今回、２０２０年12月に待ち合わせたのは、「水瓶座」であった。

今では日本でも多くの人が「自分の星座」、すなわち「自分が生まれた瞬間、太陽が12宮のどの星座に位置していたか」を知っている。「私は双子座です」というのは「私が生まれた瞬間、太陽は黄道12宮の双子座のところにありました」ということだ。

この12宮は古来、４つのグループにわけられる。すなわち「火の星座・地の星座・風の星座・水の星座」だ。火の星座は牡羊座・獅子座・射手座。「火」の名の通りアツい世界で、能動的、情熱的、好戦的、暴力的とも言われる。地の星座は牡牛座・乙女座・山羊座。物質的、現実的、感覚的とされる。五感に触れる芸術、お金、富、財も、地の星座の管轄だ。風の星座は双子座・天秤座・水瓶座。知性やコミュニケーション、物事の関係性、情報通信、取引、テクノロジーなどを支配する。たとえばＡＩやインターネット、宇宙開発なども風の世界のテーマとされる。水の星座は蟹座・蠍座・魚座。共感と愛、救済、保護、養育、帰属意識、支配、融合などを象徴する。

「風の時代」とはすなわち、「約20年に一度の木星と土星の会合が、基本的に風の星座で起こり続ける時代」のことなのだ。１８０２年に乙女座（地の星座）での大会合以来、１８２１年と１９８１年の例外を除いて、木星と土星は地の星座でランデヴーを続けた。それが２０２０年からは、風の星座で会合を繰り返すことになるのである。このシフトを「ミューテーション」と言う。ミューテーションの前後では、多少の行きつ戻りつがある。１９８１年の大会合は、風の星座である天秤座で起こっている。その後、２０００年に牡牛座、２０２０年に水瓶座で、やっと「地の時代を抜けきって、風の時代への移行が完了」した。次の「水の時代」が始まるのは２１５９年、そのあと二度「風」に戻って、しっかり「水」に入りきるのは、２２１９年である。

■「風の時代」の一般的解釈

では「風の時代」とは、どんな「時代」なのか。一般にはこんな感じで説明される。

まずはこれまでの「地の時代」について。

「ここまでの『地の時代』は、産業革命が起こった頃にスタートしている。そこから資本主義が一気に台頭した。それ以前と比べ、世の中は物質的にゆたかになり、人口も急増した。社会を動かす力は主に『経済力』であり、大資本が大きな権力を握るようになった。人々の価値観も『金持ちになること』『より多くのものを所有すること』に向かい、成功した経営者は人格者として崇敬されるほどになった。物質的な充足こそが幸福である、という考え方が広く受け入れられた」。

そして、次に来る風の時代については、こんなイメージになる。

「ひきかえ、これからの『風の時代』は、物質的・経済的な価値観が廃れていく時代となるだろう。風は実体を持たず、知と関係性を象徴する。すでに風の時代の兆候は世の中の随所に現れている。たとえば仮想通貨や電子決済。お金はもう、手で触れないものが主流だ。たとえばインターネット。もはや肉体を持った人間と相対する必要はない。自分がチャットをしている相手がAIであれ本物の人間であれ、それとも複数の人間の共有するアバターであれ、しったこっちゃない。ただインターフェースがつかいやすく役に立てばそれでよい。たとえばサブスクリプション、ストリーミングなどのサービス。自分で媒体を所有する必要はない。ただそれを視聴する『体験』があればいいだけだ。たとえば複雑化する金融商品。デリバティブなど、もはや取引の対象は『土地』ですらなくなった。情報とある種の権利、関係性をやりとりすることで、商売が成立したり、世の中が危うくなったりする。たとえばAI、ビッグデータ、ロボット技術。おそらくこのままいけば、そのうち人間は肉体労働から解放され、エンターテインメントやアート、ある種のサービス業など特殊な仕事だけが人間の仕事となるだろう。たとえば『若者の〇〇離れ』。この『〇〇』に入るものは、すべて地の時代的な『モノ』だ。ブランドものや高価な自動車などに、今の若者は興味がない。モノの所有がものを言った時代は、もはや若い世代にとっては、終わっているのだ」。

もちろん、占い関係者が全員一致で同じことを言っているわけではない。占いは

「科学」ではないので、「こっちが正しければあっちが間違っている」とはならないのだ。私たちはごく幼い頃から「科学的な判断」を正義だとすり込まれているので、矛盾するように見える複数の意見が「どれも存在してイイ」などという話は、なかなか受け入れられない。しかしオカルトの世界は、いつも両義的で、複数の位相が入り組んでいて、ピラネージの牢獄のように自由自在なのだ。

地の時代から、風の時代へ。まるで飛行機やロケットが離陸していくような、かろやかで美しいイメージを喚起するフレーズである。多くの人がこの言葉、この星占いの思想に、期待と希望を感じとったようだ。

しかし繰り返すが、これは「星占いの話」だ。星の運行の話は天文学的にも問題ないのだが、意味合いの解釈はあくまで「星占い」で、科学や歴史とは関係ない、純然たるオカルトである。ゆえに、マジメな人々は、このような話柄には乗らない。苦笑いをしてスルーするだけである。社会人としては、それが正しい態度である。

にもかかわらず、「風の時代」という純・星占い的概念（つまり、科学的精神からいけばインチキ）が、どうしてこんなに人々の心を魅了したのか。そこには、いくつか理由があるだろう。

まず、「風の時代」の語感のよさだ。さわやかで、新鮮で、若々しく、とても素敵な感じがする。特に日本語訳で「風」にしたところがポイントだ。西洋占星術の世界では「Air（空気）」なのだが、「空気の時代」ではちょっと、格好がつかない。「風に吹かれて」「千の風になって」「風の谷のナウシカ」。「風」は、もうそれだけでカッコイイのである。

さらに「コロナ禍」があった。2020年の前半、多くの人が日常的に「世界がひっくり返った」というフレーズを口にした。全世界が同じわざわいに晒されるなど、第二次世界大戦以来のことではないか。戦争も災害も、いつも「どこかで」起こることで、別の場所ではなにごともなかったのである。なのに「コロナ禍」は、大都市から片田舎までいたるところに入り込み、世界全体を覆った。「全世界がまったく新しいモードに入る」というこの体感は、「新しい風の時代が来る」というフレーズに、無意識下でぴったりハマったにちがいない。局所的な体験なら「その場所に特有のこと」だが、あらゆる場所で全員が一斉に体験するなら、それは「時間」の問題になる。全てを包み込んでいる時間、つまり「時代」として理解されるのだ。

「換気をせよ」「人との距離をとれ」「飛沫感染」など、すべて「風」がらみの「新常識」である。これらも「風の時代」のフィット感に拍車をかけたはずだ。「目に見えないウイルスが風に乗って飛んでくる、それで世の中が一変した、なるほど風の時代だ」という符合が、人の心にさらりと入り込んだ。もちろん、それは自覚的な操作ではない。私たちの脳にある言語野は、似たような語感・意味合いのものを自由自在にくっつけるのが、とても得意なのだ。言語野で起こることは、私たちはほとんど自覚できない。脳が勝手にやっている。だから、日ごろ毛嫌いしている流行語が、突然ほかならぬ自分の口からぽろっと出てきて恥ずかしいやら悔しいやら、となったりするのである。ちなみに「言葉」も、星占い的には「風」である。

＊＊＊＊

さて。ここは「群像」、まじめな文芸誌である。ここまでのくだりは「世間で今ウワサの『風の時代』って、なんなんですか？」と聞かれて、「それは星占いの話で、こういうリクツのものです」と説明したに過ぎない。言わば、雑学である。だからたぶん、問題はないだろう。

しかしここから、どっぷり「占いの世界での話」を書いてもいいものだろうか。ファッション誌の占い特集や占い専門誌ならばいざ知らず、ここはそういう場ではないのである。私はちょっと悩んだ。

オカルトというのはその名の通り、隔離され、隠されていてこそ意味と価値を持つ。隠されていることで魔力を得るのだ。エロティシズムと同じである。ヌーディスト村では、裸はエロくない。隠されているから「その中を見てみたい」という欲望が生じる。あくまで「隠す」ことで、魅力が生じるのだ。オカルトのしくみも同様で、「占い」という言葉も、そういう語源を持つという。「ウラ」なのだ。表側からは見えない「ウラ」。そこに、聖性が宿る。おおやけの場で語る占いは、昼間の往来の幽霊なのである。何の魅力もないのだ。また、占いはそれ自体、危険なものでもある。皆さんの周りにもいるかもしれないが、疑似科学や陰謀論に不思議なくらい心を奪われる人々は決して珍しくない。人間の心、または頭脳は、ごく象徴的にできている。本来関係ないはずの物同士をアナロジカルに結びつけて世界を解釈しようとする「象徴的思考」こそが、人間の頭脳のキモなのだ。ゆえに、理性的現実とオカルトの境目は、ふとしたきっかけで容易に曖昧になる。ゆえに、占いはゾーニングされねばならない。毎月の占いだって「星占い的思考」と、ゾーンを切って頂いているからこそ、なんとか居場所を得ている。しかるにここは、表舞台の特集の場なのである。何をどこまでどんな立ち位置で書くべきか。どうしたら楽しんでもらえるのか。私は悩んだ。

思い返せば私が生まれて初めて「星占い」について強い関心を抱いたのは学生時代、澁澤龍彥『黒魔術の手帖』の一章に触れたのがきっかけであった。「星位と予言」と題された短いエッセイが、今読み返してもなんと華麗に、なんと理知的に、なんとピタリとまとまっていることだろう。すばらしいのひとことにつきる。こうしてくだくだしく拙い原稿を書きつらねる自分が嫌になってくる。

当時の私は、「星位と予言」を読んでどう感じていたのだろう。多分、文学の歴史の一端について語られている、と受けとったに違いない。昔の人はこんなことを考えていたんだ、くらいのことだろうか。しかし、「風の時代」は、この現代の、リアルタイムの話なのである。現代を生きる神話、数千年を超えて受け継がれた古代のコスモロジー。この（少なくとも今のところは科学的裏付けがないがゆえの）フィクションを、このようなおおやけの場で、もっともらしく語っていいものか。そこになにか、意味はあるのか。

考えたのだが、答えは出なかった。

ここからは、私の個人的な「風の時代」についてのイマジネーションになる。

■「補綴的」生き物としての人間

「エピメテウスは人間を生み出すのを忘れてしまったけれど、もう人間に形を与える特質は残っていない。分配（*moira*）を行なった籠の中にはもう潜在的な力《デュナメイス》が残っていません。そこで、この大きな過ち、つまり忘却を犯したと兄のプロメテウスに打ち明ける他なかった。そこでプロメテウスは、オリュンポスで〔弟に次ぎ〕二つ目の過ちを犯す羽目に陥ります。「死すべきものたち」の特質の欠如を補うために、ヘパイストスとアテナのもとから諸技術 *tekhnai* を盗み出して「死すべきものたち」に与えるのです。しかしこのことにより、「死すべきものたち」は補綴的で特質を持たない状態に留まるべく運命付けられます。」（ベルナール・スティグレール著　浅井幸夫訳『偶有《アクシデント》からの哲学　技術と記憶と意識の話』新評論）

「死すべきものたち」つまり人間は、ゼウスから分配されるはずだった「特質」「潜在的な力《デュナメイス》」をもらえなかった。うっかり君のエピメテウスのせいである。ゼウスが「不死ならざるものを生み出せ」と命じて与えた「潜在的な力」を、エピメテウスはこともあろうに、他の動物に全部与えてしまったので、人間を作るための「特質」がもう残っていなかったのだ。チータは足が速く、サルは木登りがうまく、クマは力が強く、といった具合に、みんななかなか優れた特質を受け取れたのに、人間は、なにももらえなかったのである。

そこで、弟エピメテウスの失敗をリカバリすべく、プロメテウスはあろうことか、ゼウスからあるものを盗み出した。それが「技術」である。「火」と書かれることが多く、「プロメテウスの火」と言えば原子力を指すこともある。「火」に象徴される科学技術一般、それをプロメテウスは神々の手から盗み出して、人間に分け与えたのだ。

引用文中の「補綴《ほてつ》」という言葉をググると、歯の画像がたくさん出てくる。欠損した部分を人工物で補うことを「補綴」と言うのだそうだ。人間にはもともと、あるべきものがなく、それを埋めるべく後付け的に備わったのが「プロメテウスの火」、つまり科学技術なのだ。ゆえに、それは人間の本来的な特性ではない。とってつけたものであるから、放っておけば野放図に暴れ回る。たとえばチータは自分のスピードの限界を超えようとすることはない。木は自分の伸びる高さが決まっている。だから並木は大体同じ高さに収まる。自分の限界が決まっていてそこを決して超えないのは、それが自分の身についたこと、本源的なことだからだ。人間は自分の技術力の限界というものを、知らないのだ。それは、技術が人間の本源的なモノではなく、後付けだからである。

……もちろん、これは神話である。

なぜこの話を持ち出したかというと、このスティグレールの一節を読んで、私は水瓶座と風の星座のことを想起していたからである。

このほど「風の時代」のスタート地点となったのは、水瓶座である。風の3星座のうち、水瓶座は突出して「科学技術」との関連が深い。それは、水瓶座という星座自体の成り立ちとつながっている、という説がある。水瓶座はギリシャ神話による意味づけでは、「ゼウスが惚れ込んで連れ去った人間の美少年・ガニュメデスが、神酒ネクタルを注ぐところの酒器」とされる。だが、もっと古いメソポタミア時代には、畑に水を引く灌漑技術を象徴していた、と言われているのだ。水瓶座の記号は、波形が2つ、並行した格好をしている。電波のようでもあるが、さざ波のようでもある。灌漑技術は人類の文明成立に大きな役割を果たしたと言われる。人口が密集して生活する都市国家は、その人口を養うだけの農業生産力がなければ成立しなかった。その契機となったのが灌漑技術だった、と考えられている。

古来、12星座にはそれぞれ「支配星」が割り当てられている。星占いで用いる惑星（占星術の世界では、太陽と月も「プラネット」と呼ばれる）が、それぞれの星座の王様として位置づけられているのだ。しかし、星座は12、プラネットは7つしかない。ゆえに、2つの星座が1つの星を分かち合う、という事態が起こる。蟹座＝月、獅子座＝太陽は別として、水星は双子座と乙女座、金星は牡牛座と天秤座、というふうに、支配する星座を2つずつ持たされたのだ。しかし時代が下がり、望遠鏡が開発されると、もっと遠くの星が見えるようになる。天王星・海王星・冥王星が発見されたとき、占星術の世界では「彼らをどの星座に割り当てるか」で一大議論が起こった。さらに、天文学者達が星につけた名前が果たして、妥当なのか、という疑問も生まれた。

現代的な占星術の世界では、水瓶座は天王星の支配下に置かれる。天王星は英語ではウラヌス、ギリシャ神話の天空神である。ウラヌスはクロノスの父、クロノスはゼウスの父で、この家系では二度にわたる父殺し（もとい、ウラヌスは殺されてはいないが、ある意味それよりヒドい男根刈りに遭った）が起こっている。

このウラヌスという名の星が水瓶座の支配星とされることについて、疑問をとなえる占星術研究家が現れた。天王星は、ウラヌスではなく、プロメテウスとする方が理に適うのではないか、というのである。水瓶座は科学技術の星座である。であれば、人間に科学技術をもたらしたプロメテウスのほうが、ずっと水瓶座にフィットする。そういう説があるのだ。

スティグレールの話はこのあと、人間同士が自分の特質をもたないがために一致せず、たがいに争いだしたので、ゼウスはヘルメスに命じ、人間に「ディケ（正義）とアイドス（はじらい）」の2つの感情を与えた……という話につながっていく。とはいえこの感情は決して、人間の技術的暴走を完全に押さえ込めるわけではない。むしろ、人間が本来的な特質を持たず、つまり「自分が何者か」がわからない状態で、科学技術という大きな力を備えていることに変わりはない……という方向に進んでいく。

風の時代のハナシである。

風の星座は、他のエレメンツ（火・地・風・水の分類を「エレメンツ」と言う）と、少し違っているところがある。それは、3つともが「人間星座」だという点である。

12星座は「ゾディアック（zodiac、獣帯）」と言われ、zooと言えば動物園だが、その名の通り、動物が多いのだ。羊、牛、山羊、ライオン、蟹や蠍など、動物たちの行進のようである。これらは「獣星座」で、その性質もどこか獣的なところがある、と解釈される。もちろんこうした解釈は、ごく古い時代のものだ。現代的な占星術の場では「あなたはどちらかと言えば人というより、ケモノですね」などと言ったりは決してしない。あくまで星座の解釈の歴史として、そういう理解の仕方があるということだ。一方、人が出てくるものもある。それらは獣星座よりも理知的で冷静、信頼に足る、などと解釈する。すなわち双子座、乙女座、天秤座、射手座、水瓶座である。もとい、射手座は半神半馬のケンタウルスのケイローンであるから、完全に人とは言えない。半分は獣星座だ。残る4星座のうち「乙女座」も少々微妙である。というのも、乙女＝処女は「まだ知らないことがある」存在だからである。人間としての全き知のうち、いまだひらかれぬ部分を残している。ゆえに完全性と未熟さの両方で捉えられる、両義的世界である。残る双子、天秤、水瓶の3星座は、すべて風の星座なのだ。天秤と水瓶は人間ではなくモノではないか、と言いたいところだが、天秤座はその天秤を手にする人と似た姿をした女神アストライアがいる。水瓶座も、やはりこれを手にするガニュメデスがいる。人間が補綴的に与えられた「技術」は、風の星座と関連付けられ、そこには動物とは一線を画す、知的存在がいるのである。

風には「分配」というテーマも隠れている。

水瓶座が灌漑と関係が深い、という話を書いた。灌漑技術はもちろん、水という資源を人間同士で分配するための技術である。

双子座はどうか。双子座の神話は、「命の分配」をテーマにしている。双子の兄弟カストルとポルックスは、一方は王の息子で「死すべきもの」、一方は神の息子で不死だった。あるときカストルが死に至る傷を負ったとき、ポルックスは神に願い出て自分の不死をカストルと分かち合うことになった、というのである。

天秤座はもう、天秤である。天秤はものをはかりわけるためのもので、何かを分配するときに使う道具だ。

このように、風は「分配」にとても関係が深い世界に思われる。たとえば、このところ随所で耳にする「SDGs」、環境問題への注目、コロナ禍による給付金で勢いづいたベーシックインカムについての議論、あるいは『資本論』関連書籍がよく売れているという現象など、すべて「分配」にまつわる話と言えないだろうか。「風の時代」の風はこんなところにも吹いている、という気がしてならない。

水瓶座は平等・公平の世界でもある。その直前の山羊座（地の星座）が、ヒエラルキー的世界であるのとはごく対照的だ。伝統を重んじる権威主義的世界である山羊座の次に、革命と平等と自由の星座・水瓶座が置かれている。この水瓶座が「風の時代」のスタートラインである。あらゆる差別に対抗する運動がここ数年で一気に盛んになり、多くの人が「人ごとではない」という意識を持ちつつある。人権やフェミニズムは「個人的な体験から簡単に理解できることではない、歴史や理論を学ばなければ理解できない」ということが、わずかずつでも広がり始めている。

こうしたことは、人間の人間に対する闘いである。つまり、自分たちが持っている力を野放しにし、自分が何者かが解らない状態で他人と殴り合い奪い合いを続けることへの、挑戦であろう。生命科学や宇宙科学の発達が進むにつれ、つねに「倫理的なガイドラインの整備」が求められる。しかし、その根拠は一体どこに置けばいいのだろう。私たちの理知は補綴的なのである。私たち自身の限界は、私たちの中に、「本来的特性」としては備わっていないのだ。木はどこまで伸びればいいか知っている。でも、人間はそれを指定されていない。だから、自分で自分と闘うしかないのだ。その闘いの、どんなにつらく苦しいことだろう。自分が間違っていたなどと、誰も認めたくないのだ。間違っていたと認めるくらいなら、非難する人間を悪者にしてケンカする方が、ずっとマシなのである。

風の時代、私たちはその、最もつらい「自分との闘い」を引き受けうるだろうか。それとも、風という技術に振り回され吹き飛ばされ、己を見失ってしまうのだろうか。

■吸い上げられる力

「風の時代」を区切る「ミューテーション」、その主役である木星と土星は、星占いの世界では「社会」と結びつけられている。

木星は社会における名誉や誇り、道徳としてのルール、憧れられる指導者、裕福な世の中のリーダーなどのイメージを担う星だ。一方の土星は厳格さ、社会システム、罰則などのルール、社会人としての責任感、自立や自制、防衛、伝統や権威主義などを象徴する星とされる。どちらも「世の中・社会」、つまり大きな人間の集団が前提となっている。

2星が社会的なものとして扱われるのは、その公転周期が伝統的な占星術で用いる太陽系の肉眼で見える7星のうちもっとも長いためだろう。木星は12星座を巡るのに約12年、土星は約29年。こうしたロングスパンを刻む時計は、日々の細かな、個人的なあれこれではなく、広く世の中を統べる力として解釈されうる。世の中はゆたかに栄えてゆくべきであると同時に、たくさんの人間が寄り添って生きるために、厳格に管理されねばならない。前者が木星、後者が土星の担当分野となる。

人間は、集団を作ることで他の生き物よりも強い存在になった。一人でジャングルに放り出されればすぐに死ぬが、数人集まればなんとか生き延びられる。身体能力が遥かに勝る動物たちにも、一対一では勝てないが、集団になれば勝てるし、飼育して生活に役立てることさえできたのだ。人間は歴史の中で、どんどん大きな集団を作ってきた。集団として膨らむことで、どんどん強くなったのだ。家の中で布を織るより、工場で分業して大量生産した方が強い。一人で畑を耕すよりも、企業による大規模経営の方が強い。木星と土星が語る「時代」とは、ひょっとすると、人間の集団がどんどん大きくなり、どんどん力を強めていく、そのプロセスのことではないのか。

人間の「補綴的」特性とは、科学技術自体のほかに、「集団を作り、内なる意味の連携で組織化する」という点にもあるのではないだろうか。もちろん、他の動物も群れを作る。でも、人間集団のような組織的協力があるわけではない。否、ハチやアリはどうか。見事な組織的社会を形成している。でも、それは人間集団と同じようなものなのだろうか。あのDNAに叩き込まれたような「役割分担」は、私たちにも備わっているのだろうか。そこは、私にはよくわからない。ただ、多くの人が人間に「備わっている」と考えている「自由意志」という感覚が、もしアリやハチにもあるのだとしたら、ああした整然たる自己犠牲を払えるものだろうか。

人間はさまざまな利害や価値観、宗教や思想などを介して、大きな集団としてまとまる。集団に所属するということは、その集団の部品になるということで、個々の全体性の幾ばくかは失われる。大きな人間集団である現代社会に所属している私は、井戸を掘って水を汲んだり、鶏をつぶして火をおこして焼いたりする技術は持っていない。集団の他の部分に委託しているからだ。私を活かすために私にできることは、他者となんとかして関わりを持ち、契約し、交渉し、様々な手続きをする、ということに過ぎない。これが60年前ならどうだろう。火をおこすことくらいはできたのではないか。

一つ前の「地の時代」に、何が起こったのだろう。工業化により生産力が増し豊かになった、と言われる。確かにそうだろう。ただ、「生産力が増した」のは、世の中全体として捉えたときのことである。一人一人の人間は、より大きな集団の一部となることで、より小さな力を担うことになったのではないか。いわば、地の星座的な力、生産力や自然と直接関わる力を、人間集団に「吸い上げられた」とは言えないか。

もしそうなら、風の時代はどうか。

「風」は、知識、情報、コミュニケーション、関係性の世界である。ならば私たちは今、他者との直接的な関係や直に温度を感じられるコミュニケーションを「集団に吸い上げられつつある」のではないか。

私たちはもう、人の家を突然訪ねていくことはなくなった。人の家に毎日のように入り浸らなくなった。「たまり場」は社会の局所的なものになり、声を聴きたくて電話をかけたりすることも憚られるようになった。Zoomの画面に並んだ人の顔、これは本当に存在するのだろうか。Zoomの画面で、私たちは目を合わせない。もともと、目が合うように作られた会議用カメラというものもあるそうだが、それは本当に「目が合って」いることになるのだろうか？　カメラのしくみによって「目が合っている感じがする」ことと、直接会って「目が合っている」状態とは、果たして同じなのだろうか。まるで、本当には所有できていない借家に住んでいるようである。

私たちが個人的に、直接扱ってきた「風」は、他になにがあるだろう。「風」といえば言葉である。所有できる言葉、それは「固有名詞」、名前だ。たとえば「マイナンバー」はこれから、名前の代わりに使われるようになっていくのだろうか。

「風」は「知識」を管轄する。私の祖父が子供だった頃、小学校の勉強と言えば「暗唱」が基本だったと聞かされた。祖父は様々な漢詩や故事を暗唱できた。それが今は、ネット検索すればなんでもすぐに出てくるためか、暗記の必要性を叫ぶ声はほとんど聞かれない。ほんの二、三十年前には、私たちはだれでも、複数の電話番号を暗記していた。今や、家族の携帯番号すら、すべては記憶できていないのではないか。20年前、まだスマートフォンのない時代、私たちはどうやって「初めての目的地」にたどり着いていたのだろう。よく思い出せない。「風」の管轄である知識・情報はこんなふうに、すでにサーバに吸い上げられて、私たちと直結していない。インターネットは最初の風の大会合の1980年代にその基礎ができあがり、実用化され始めた。2020年どころではなく、1980年代からすでに、私たちはどっぷり風の時代に足を突っ込んでいたのである。この延長線上には、何が待っているのだろう。たとえばオーウェルの『1984年』では冒頭、主人公が日記を手書きしようとしてすぐに書けない、というシーンがある。文字を書く習慣が失われていたからだ。幼い頃からタブレットのある環境で育つ今の子供たちは、大人になって、秘密の日記をさらさらと手書きできるだろうか。独裁者「ビッグブラザー」のように誰か明確な主語のある存在に強制されなくとも、似たようなことは起こり得るのだ。「ビッグブラザー」の演説記録にある未来予想は、あとで現実に起こったことに書き換えられていく。彼は正しいことしか言わないのだ。ごく事務的な「記録の改竄《かいざん》」。はて、妙に聞き慣れたフレーズだ。

■風の時代の「人物」像

雑誌の企画などで「風の時代の生き方」というお題をうけとり、私が思い浮かべた「人間像」がいくつかある。

たとえば「イスカールナリ」だ。

「三人の水夫は、自分たちには、そもそも一人一人に名前はない、その必要が全然ないのだから、と説明した。ここのものはみないっしょで、イスカールナリという、それで十分ことたりるのだと。」（ミヒャエル・エンデ著　上田真而子・佐藤真理子訳『はてしない物語（下）』岩波少年文庫）

イスカールナリと名乗る人々には、個別の名前はない。霧の海「スカイダン」をわたる船を、彼らは特殊な歌をうたい、舞を舞って動かしていく。彼らを「大霧がらす」が襲ったとき、一人のイスカールナリが逃げ遅れ、連れ去られた。だが、他のイスカールナリたちはその後、特に悲しむ様子も見せず、また陽気に歌をうたい、舞い出した。

「バスチアンがそれを問いただすと、一人がいった。「いいえ、わたしたちはちゃんとそろっていますよ。どうして嘆くわけがありますか?」

かれらのもとでは、一人一人の個人は問題ではないのだった。みなそっくり同じで区別がないのだから、かけがえのない個人はいないのだった。」(同上)

集団に吸い上げられた名前、人生の意味。イスカールナリのエピソードは、非常に奇妙なものに思われるが、同時に、なぜか懐かしいような、妙なリアリティの感触がある。制服を着せられ並ばされる学生時代、全員丸坊主にするよう指示された部活動、整然と行進する軍隊、毎日人数で伝えられる「コロナによる死者」。

人間は「人口」で捉えられ、様々な統計的パラメータで「分析」される。私たち一人一人はそうしたパラメータの集合体として扱われる。アイデンティティがスペックで表現されるような体験は、もはやSF的なものとは言えない。そこには、個別の「顔」はないか、あっても、意味を成さない。かけがえのない個人はいない。

あるいは「風の時代」の人物モデルとして、もうひとつ思い出した名前がある。「阿Q」である。

「阿Qはただ姓名や出身地がどうもハッキリしなかっただけでなく、彼の以前の「行状」までもハッキリしなかった。というのは、未荘《ウエイチヨワン》の人たちにとっての阿Qの存在は、ただ彼に仕事を手伝ってもらうことだけ、ただ彼をからかって遊ぶことだけで、これまで彼の「行状」について気をつけたものはなかったからである。」（魯迅著増田渉訳『阿Q正伝』角川文庫）

阿Qの自意識は世の中に茫漠と溶けている。彼は辛い目に遭ってもすぐに忘れるし、自他の境目をほとんど見ない。偶然と軽率の紆余曲折の果てに、自分が捕縛され処刑されるにあたってまで、彼はこう考えた。

「彼は人生天地の間、多分、時には引っぱり出されたり、ぶち込まれたりもせねばならず、時には紙の上に丸い輪も書かねばならぬこともあるだろうと思った。」

「彼は考えにふけりながら、人生天地の間、多分、時には首を斬られねばならぬこともあるだろうという気がした。」

私はこれに衝撃を受けた。魯迅が何を言いたかったかは、私はどうでもよかった。これは私の中の阿Q、私もおそらくこのように考えるであろう阿Qだった。これを読んだあと、阿Qのリアリティが胸に食い入って離れなくなった。

阿Qも、イスカールナリも、全く別の意味合いでの「時代」を語るために描き出された存在だとは解っている。でも「風の時代」を200年生きたとき、人間がどうなっているだろうと考えたら、これらの人々がいかにもぴったりのように、私には思われたのだ。

阿Qが「風の人だ」と言ったら、多くの占い手は苦笑して無視するかもしれない。でも、彼のこの「自分」というものを天地のあわいにとかしきった生き方が、後述するレヴィ＝ストロースの「交叉点の偶然の人生」のように、私には思われてならないのだ。阿Qの「思い」はイスカールナリのモノローグである。大霧がらすに咥えられて連れ去られたイスカールナリはこう思ったのだ。「人生天地の間、多分、時にはカラスの餌食にならねばならぬこともあるだろう」。

もう一人、しつこいようだが「風の時代の生き方」を想像したとき、思い浮かんだ人物がいる。メルヴィルの「バートルビー」だ。「そうしないほうがいいのですが（I would prefer not to）」とくり返し、誰の要請にも従わず、オフィスに純粋に「存在し続け」ようとするバートルビー。この特異なキャラクター造形に多くの哲学者が度肝を抜かれ、様々な考察を展開するのを読み、それらはよく理解もできなかったが、とにかく「バートルビー」が常識的人間の心をかき回す圧倒的威力を持っていることに深く感動した。「西洋的自我」を持った人々が仮に、真に「風」的な人間を描こうとすれば、阿Qではなくバートルビーになってしまうのではないか。何も要望していないはずの人間にさえ「○○のほうがいい」と言わせてしまうのは、いかにも「西洋的自我の亡霊」のようである。

「新しい時代」にキラキラした希望を見るよりもまず、こうした神秘的な人間像ばかり思い描いてしまったのは、私が極端に悲観的だからなのか、それとも「風の時代」の象を誤解しているからなのか。私にはわからない。占星術家の中には「風の時代」の象徴的人物として、「アッシジのフランチェスコ」、無私無欲の小鳥の聖人を例に挙げる人もいるのだ。

西洋占星術は、非常に古いルーツを持っている。紀元前3000年、それ以上昔からの考え方が、今現在親しまれ愛されている「星占い」の中にも、連綿と息づいている。「風」、すなわち「火・地・風・水のエレメンツ」の思想も、キリスト教成立以前からの文化的背景から生まれ、現在に至る。未だにこの4つのカテゴリで「新しい時代」を語ろうとすることが、ごく不思議なことのようにも思えるし、また、人間はどんなに時代を重ねても、それほど変わりはしない、ということを示している気もする。

「私は以前から現在にいたるまで、自分の個人的アイデンティティの実感をもったことがありません。私というものは、何かが起きる場所のように私自身には思えますが、「私が」どうするとか「私を」こうするとかいうことはありません。私たちの各自が、ものごとの起こる交叉点のようなものです。交叉点とはまったく受身の性質のもので、何かがそこに起こるだけです。ほかの所では別のことが起こりますが、それも同じように有効です。選択はできません。まったく偶然の問題です。」（クロード・レヴィ＝ストロース著　大橋保夫訳『神話と意味』みすず書房）

もし「風のような生き方」ができるとするなら、きっとこんな生き方だろう。私はこの一節を読んだとき、自らもこうありたい、と心から願った。自分自身は単なる現象のようなもので、それは、幾つもの偶然の重ね合わせに過ぎない。レヴィ＝ストロースは「私は、自分がこのように考えるからといって、人類とはそのように考えるものだという結論を下してよいなどとは少しも思っていません」と付け加えている。だが、今の私にはこの「生」のイメージが、限りなくリアルに思われる。コロナ禍を生きることも、インターネットを介して他者と関わることも、全て、自分がどうしたとか、自分をこうするとかいうことから出てきてはいない。私はこれを受け止めて、それで、せいぜい生きられるように生きていくだけだ。そういうふうに「私」を風に手放した瞬間、あらゆる現実が圧倒的な存在感で私の意識の中に流れ込んでくる。「運命」というものがあるとして、その手触りはきっとこんな感じだろうと思える。「偶然」は、限りなく両義的な言葉だ。「偶然だね！」と驚きあった瞬間、それはすでに偶然ならざる意味を胎んでいる。

風は、偶然の関係性である。トルストイは生死まで関係性に投げ込んだ。

「生命とは世界に対する関係であり、生命の運動とはより高度な新しい関係の確立であるから、死とは新しい関係に入ることである。」（トルストイ著　原卓也訳『人生論』新

潮文庫）

私の目に「風の時代」は、今、そんなふうに見えている。

＊ちなみにこの「12宮」は、恒星の「星座」とは現在、1星座ほどずれている。地球の「歳差運動」により、春分点が移動するためである。英語では恒星の星座をコンステレーション、春分点を基準にしたエリア分けをサインと呼んで区別するが、日本語では呼び分けされない。コンステレーションが「星座」、サインが「12宮」なら解りやすいのだが、どちらも「星座」と呼んでしまっている。ややこしい。更に言えば、この「12サインとコンステレーションが歳差運動でずれている」ことを占星術家が知らないのだろう（ほんとはみんな知ってるのだが）と思い込んだ天文学者がそれを揶揄し、さらに「もし黄道を使うなら、12じゃなくて蛇遣い座だって入っているじゃないか」と煽ったところ、この煽りをなぜか真に受けた日本人は、マジメに「13星座占い」を創設したのだそうだ。

星占いの12サインのしくみは、あくまで春分点を基準にしたシステム（トロピカル）なので、歳差でのズレは特に問題にならないし、13星座にもならない。もっとも、インド占星術など、恒星星座とサインを一致させる占星術体系（サイデリアル）も存在していて、たとえばアルデバランを基準としたりする。それもカッコイイなと思う。

分解される運命と、『牡丹灯籠』の記憶。

「コロナ禍」によって、私たちは変わるのか。変わるとすれば、どう変わるのか。最近随所で目にする話題だ。

「人間はそんなことでは、変わりはしない」と主張する書き手もいる。東日本大震災でだれもが「これで社会が変わる」と思ったのに、結局何も変わらなかった、と言うのだ。たしかにそうかもしれない。

しかし私たちは、「自分自身の、リアルタイムの変化」に、ごく鈍感である。今の自分と過去の自分を客観的に比較することなど、ほぼ不可能だ。もちろん、仕事の成果とか、何かアウトプットを比べてみるようなことはできるかもしれないが、日々を生きる価値観や行動様式などがどう変わったのか、自分はもとより、身近な人の変化にも気づかない。パートナーが髪をばっさり切っても気づかない程度に、誰かがトイレを掃除してくれたのに気づかない程度に、気づかないのだ。

人間は、絶望的に、自分のことに気づかない。

「自分たちのこと」にも、たぶん、気づかない。

だからこそかつてナチスが台頭して虐殺が行われたのだろうし、今も、日本では多くの人が選挙に行かない。「だれがなってもおなじ」というのは、自分自身の生活の変化に、気づいていないからだろう。変化を比較する対象もない。他の生活を生きてみることができないからだ。年老いてみれば若い頃の生活と比べたりもできるけれど、人間の記憶は曖昧だ。印象は常に、頭の中で、都合良く改竄され続ける。

私たちは、コロナで変わったのだと思う。

少なくとも、「他人を恐れる気持ち」が顕在化した。誰が「他者」なのかということに敏感になった。最初の「他者」は、豪華客船の乗客や、優先的に検査を受けられる「外国から来た人」だった。やがて、県境を越える人、マスクをしない人、アルコール消毒しない人、「夜の街」の人、若い人、都会から来た人、さらには医療従事者まで差別する人たちが現れた。ボーナスを受けとった人がいて、カットされた人がいる。職を失った人がいて、経済的には何も変わらない人がいる。「他者」はどんどん増えていく。これからもどんどん増えるだろう。意味のない対策、遅い支援、あらゆる場所に理不尽と不公平がある。だれの心の中にも、その人の置かれた状況に応じた恐怖と怒りが渦巻く。コロナがおさまったらこの気持ちも消えていくのだろうか。そうはいかないだろう。病気は薬ができれば治るが、敵対心や恨み、不公平不平等への怒り、差別意識、嫉妬などには、薬はない。場合によっては、世代を超えて受け継がれてしまうこともある。

私たちは、今、心情的に分断され続けている。

『牡丹灯籠』は、江戸末期から明治初期を生きた落語家、三遊亭円朝の作品である。日本語における言文一致体の確立に大きな影響を与えたと言われる円朝は、この作品を「執筆」したのではない。高座で演じられた落語を速記者が書き起こし、それが雑誌に連載されて大評判となったのだ。美青年の新三郎に恋をして焦がれ死んだお露が幽霊となり、美しい灯籠を手に彼を訪ねてゆくという幻想的な「怪談」として知られているが、じつはこの『牡丹灯籠』、お露新三郎の幽霊譚はほんのわずか、物語のささやかな発端に過ぎない。円朝作『牡丹灯籠』の本筋は、壮大な「仇討ち」の物語なのである。

人間関係を説明しているだけで膨大に文字数を食うほど、あらすじはややこしい。なんとか端折って書いてみる。話はお露の父である旗本・飯島平左衛門が若かりし日に、道端で酔って絡んできた黒川孝蔵という浪人を切り捨てるところからはじまる。

黒川には一子孝助が残され、これが長じて飯島の家に草履取りとして奉公に上がる。飯島は彼の話から自分がその父を切って捨てたことに気づくが、これは全くの偶然で、孝助は気づいていない。父の仇討ちを志す彼の孝心に胸を打たれ、飯島はいつか孝助に討たれてやろうと心に決め、剣術を指南してやるのだった。

そんな折、飯島の妾お国と隣家の部屋住み源次郎が密通し、飯島の暗殺を画策する。これを知った忠義の孝助は源次郎を成敗しようとする。しかし、彼が暗闇のなか思いきり槍で突き刺したのは、なんと主人の飯島平左衛門その人であった。飯島は孝助の仇討ちの思いにこたえようと、自ら刺されにいったのだった。飯島は孝助を説得して逃がし、そのまま源次郎のもとに赴いて、自分のとどめを源次郎に刺させた。お国源次郎は慌てて逐電、孝助は主人の仇であるふたりを追い、仇討ちの旅に出るのだった。

これが、円朝『牡丹灯籠』の入り口である。ネタバレは避けたいのでご興味の向きは是非、原作を読んで頂きたい。「怪談ものの古い落語」と思って読むと、だいぶ見当が外れる。たしかに幽霊は出るが、それ以上に、この作品の特徴は「疾走感」だと私は思っている。善人も悪人も、自分の運命をまっしぐらに疾走していく。その一直線な勢いに、目が眩む。もとい、私が本書を初めて読んだのが、新幹線の中だったからかもしれない。京都発で読み始め、ページを繰る手が止まらず、気がつけば品川で慌てた。まるでスリル満点のサスペンスを読むようだった。

なぜ「ポストコロナ」で、『牡丹灯籠』か。

私は「人生」と「運命」のことを考えていたのだ。

これはコロナ前からの話だが、「自由意志」と「自己責任」が発明されて、現代を生きる私たちはほんとうに、バラバラになってしまった。人生と人格は別物だ。身体と心とアタマは別のものだ。私とあなたは別のもので、運命とアイデンティティも別のものだ。偉い人と知り合いだからといって、私が偉いわけではない。たくさんお金を持っていても、それでその人が素敵な人だということになりはしない。その人が持っているものとその人自身とは、別々のもので、関係ない。「私」というなにかがあって、「自由意志」で、ビュッフェスタイルの朝ご飯のように、すきな人生の組み合わせを選んでいける。生まれた土地も、人種も、性別も、外見も、家柄も、血縁も、なにも「個人」を縛らないし規定しない。少なくとも「それが正しい」ということになっている。なにもかもが「そんなの関係ない」のである。「本人の思いがあれば、他のことは関係ない。私たちは自由」なのである。それが正しい、とされている。

私もそう思う。いちいち頷きたい。ほんとうにそうだ。そうでなければ、どんなに辛く苦しいだろう。そうでない時代、「個人」はどんなに抑圧されていただろう！

しかし。では、「個人」は今、何でできているのだろう？

『牡丹灯籠』を聴いて「さもありなん」と頷いていた聴衆と、今の私たちでは、「人間」や「人生」の見え方が全く違っているのだろう。私にはそう思える。良くも悪くも（本当！に、良くも悪くも、なのだが）、私たちは時代を先に進めば進むほど、どんどんバラバラになっていくのである。時間を巻き戻すという意味で『牡丹灯籠』のような作品を読むと、それがよくわかるのである。かの作品の中では、あらゆる関係性と、人間の選択と、人格と人生とが、一体化している。分かちがたく結ばれあっている。

孝助の人生はごく幼い頃に、「実父の仇討ち」に塡め込まれ、決まってしまっている。本人が選択すべくもない物語が仕込まれている。彼はそれに反抗することもできたかもしれないが、その物語を積極的に生きようとする。周囲もまた、それを当然のことと受け入れている。周囲の人々も、そのように生きているからだ。彼らの運命と人格は、一体化していて、区別がつかない。怖ろしい説得力で、その人生の物語が凝結している。

現代では、それらはすべて分解された。

先日、平野啓一郎さんが提唱する「分人主義」についてのインタビュー記事を読んだ。その場その場に私たちは異なった「自分」を持っていて、それぞれの「自分」を正直に生きている。決して「ウソの自分」と「ホントウの自分」のようなものがあるわけではない。裏も表もなく、複数の顔を持ち、それらを真実に生きることができる。たしかにそうだ。私たちは「自分」という顔のイメージまで、バラバラにして、持つことができるのだ。私たちは、いったいどこまで「分割」できるのだろうか。「私」と感じているこのひとつのまとまりは、いつか、それとはちがったものになっていくのだろうか。

まず、商品が首尾よく交換されるためには、商品所持者たちは市場において商品の担い手として互いに関わり合い、お互いを「商品所有者」として承認しないといけない。こうして、人間の役割が物象の担い手に還元されていく（大谷 1993: 101; MEGA II/6: 138）。これが「物象の人格化」である。さらに、商品、貨幣、資本の社会的力が自立化していくほどに、人間の様々な機能はこの物象化した経済関係によって貫かれていき、価値の論理によって規定されるようになっていく。（斎藤幸平『大洪水の前に――マルクスと惑星の物質代謝』堀之内出版）

既にこのとおりの世の中を私たちは生きているわけだが、緊急事態宣言の最中にこの箇所を読む私の脳裏には、多くの人々が Zoom で会議をしている画面の映像が浮かんでいた。一人一人の顔は、「労働力」という商品の象徴でしかない。デジタルデータのやりとりだけで、ある場面の「関わり」は済んでしまうのだ。人間の「全体」は必要ない。最小限に切り取られた情報で十分、事足りる。

緊急事態宣言の最中に多くの人が経験した「配信」「リモート」「Zoom 飲み会」等々は、ごく現実的で、有用でありながらも、なにか不気味な予感を湛えていた。なにかが足りない、欠けている、というストレスを、多くの人が感じているけれど、それは懐古趣味的な言葉以外では表現できないものなのか。私たちはこのまま分解され続けていって、本当に「大丈夫」なのだろうか？

たとえば、仇討ちという人生の目標は、完全に自己目的的な人間関係から生じている。もちろん家の存続や禄の保証などの問題はあっただろうが、少なくとも孝助の仇討ちは、それが眼目ではなかった。人格と、人生の目標とが一体化した「全体」としての自分。人間関係と一体化した自分。こうした「人間」のイメージは、もはやリアルには、浮かびようがない。

私は『牡丹灯籠』の価値観が問題なく受け入れられた時代に戻れば良いと言いたいわけではない。戻れるとも思わない。それは個人の意志がガンガン抑圧される、大変な世の中だったことだろう。ただ、私たちは「自分たちがどう変わっているのか」ということに、限りなく鈍感だということが言いたかったのだ。「自分たちがどう変わっているのか」に気づくには、ある程度時間を巻き戻してみるしかない。過去の人々が当然視していた世界観と、自分のそれを、比較してみるしかない。まだ私小説のなかった時代、自己と運命がまだ分断され切らなかった時代に巻き戻して、今の自分たちの人生観とのギャップに、びっくりしたいのだ。これまで何を失ってきたかがわかれば、これから何を失うのか、少しは想像できるのではないか。

私は、人間はどうしても「運命を生きる」ことを望んでいるものだという気がしてならない。これは私が占い屋だからなのかもしれないが、人間は「単なる偶然」を偶然のままに生きていくことはできない生き物だ、と思うのだ。そも「偶然」という言葉自体、両義性がプンプン匂う。たとえば「すごい偶然だね！」と驚きあうようなとき、私たちはその言葉をなかば「必然」の意味で使っている。

私が失われるべきでないと思うのは、人間が感じる「運命」というものの手応えだ。それ自体で自己目的的な「運命」の感覚を生きたいのだ。


アイデンティティを切り分けることはできません。半分に分けたり、三つに分けたり、細かく区切ったりはできないのです。私には複数のアイデンティティなどありません。ただ一つのアイデンティティしかないのです。このアイデンティティはさまざまな要素から成り立っているのですが、ただ、その〈配分〉が人ごとにまったく異なるのです。（アミン・マアルーフ著　小野正嗣訳『アイデンティティが人を殺す』ちくま学芸文庫）

アミン・マアルーフは27歳までレバノンで育ち、その後フランスに移住して22年暮らしてきたジャーナリストで、作家でもある。「アイデンティティはさまざまな要素から成り立つ。その配分は人それぞれで、それこそがアイデンティティである」と彼は言う。たったひとつのもの、たとえば民族や宗教や郷土、国などにアイデンティティを求めることの危険と理不尽を、彼は語る。

人間がたどってきた人生、その全ての要素が一体化して「アイデンティティ」を成り立たせる。これは「運命」と言い換えてもいいはずだと私は思っている。「運命」という言い方は、人間の人格と人生を統合したような言葉だ、と思うからだ。「運命」という概念は、前述の「分人主義」をすいこむことができる。「色々な自分」の物語を、運命という一冊の本に編むことができる。全体としてひとつの運命と呼べる。自分の物語として受け取れる。これが自分だ、と思うことができる。バラバラのままにしておかなくてすむ。

ちなみに、私の言う「運命」は、決定論とは少し違う。しかし「完全に自由に選択できる人生」という考え方に、たぶん、ある種の欺瞞を指摘したい言い方ではある。

「疎外された運命」を作ってはならない。もしそれが生まれうるとすれば、その前の段階にはおそらく「疎外された関係」「疎外されたコミュニケーション」がある。人間はパンのみにて生きるにあらず、関係性を生きていく生き物だからだ。人間の運命の物語は、他者との関わりで紡がれる。「疎外された関係」を生み出す状況に、私たちは警戒すべきではないのか。COVID-19によって加速した分断に、無防備であってはならないはずだ。その分断はやがて、私たち自身のアイデンティティを、人生を、運命をバラバラに分解してくるだろう。

少なくとも今のところ、私はそんなことを考えている。

おわりに

主に文学作品から一文を抜き出してフックとし、そこから「その時期の星の動き」を読み解いていくという、かなり乱暴な連載企画を続けて来た。それを「単行本にまとめましょう」というお話を頂いた時は、正直「ムリ」と考えた。その時期その時期の「天気図」のごとき星の動きの記載があったし、さらにエッセイのあとに12星座別の短い占いがくっついていたのである。「この時期、こんなことが起こるでしょう」といった占い部分を全部切り取って、なにかしらべつの建て付けにしなければ、単行本にはならない。しかしそんなのはムリヤリ過ぎるのでは……これはこまった、と思った。

さらに、文芸誌「群像」の連載ということで、当然、占いには潜在的にあまり興味関心がない読者、という前提で書いてきたエッセイであったから、これを単行本化するにあたり「読者は誰なのか？」という問題もあった。連載は、雑誌の「文学」という世界にくっついている。しかし、なににくっつくこともなく単独でこのコンテンツだけを世に出すとなれば、一体誰が読み手となるのだろう。占いに興味がある人なのか。それとも、占いに全く不案内な人なのか。これも難問である。

諸々難題はあるが、内容はともかく「この本には何が書いてあるのか」ということがわかりやすくなければならない、と思った。ゆえに「12星座」をそのまま使って連載を整理してみた。すると、意外にはまってくれた。しかし連載から読んで下さっている読者の目にはどう映るだろうか。フックは同じなのに結論部分が別の方向に展開している。「こんなのはおかしい」と感じられる方もいらっしゃるかもしれない。誠に申し訳ない。ただ、2年間の毎月連載では、太陽は12星座を2周している。ゆえに、自然と12星座が2度は主役になる流れではあるのだ。どうかご容赦頂ければと思う。

2007年、私は『12星座』（WAVE出版）という本を上梓した。星占いで用いる黄道12宮の世界観をひとつひとつ書いていったもので、ありがたいことに今もロングセラーとなっている。本書は、あの『12星座』に書かなかったことを書いてみよう、という心づもりでまとめていった。15年後の「続き」「余談」、そんなイメージである。もちろん、全く別のことが書いてあるわけではない。ただ、『12星座』の世界のその先にあるもの、より奥にあるものについて、新しい書き方ができないかと試みたのだ。

「はじめに」でも「試み」という言葉を使った。この本は我ながらまことにへんてこな本で、自分でもどう考えたらいいかよくわからない。ただ、本というものは、読者の手元に届いてはじめて、なにかしらの意味や意義が生まれる（なにも生まれないこともある）。著者が考えたのとは全く違う読まれ方をすることも多々あるし、それが正しいのだ。誰にいつ届くかもわからないボトルメールを海に流すような思いで、この本を「リリース」したい。私自身も読者として、これまでたくさんの本を、たくさんの著者からそんなふうに受け取ってきたのだ。

最後に、このへんてこな連載や単行本の貴重な機会を下さった戸井編集長、ドキドキしながら送信した連載の原稿に、いつもあたたかい励ましの返信で安堵させて下さった編集部の森川さん、単行本化に丁寧に尽力して下さった斎藤さん、装丁を引き受けて下さった大好きな名久井直子さん、誠心に寄り添ってエッセイを書かせて下さった青土社「現代思想」編集部の加藤紫苑さんに、心からお礼を申し上げたい。また、なにより「星占いの連載（！）」を受け入れて下さった「群像」愛読者の皆様の懐の深さに、心底感謝している。本当にありがとうございました！

2022年5月3日　双子座の三日月の下で

石井ゆかり

文庫版あとがき

自分の書いたものが「文庫」になるなんて、ほんとうだろうか。

このあとがきを書いている今、まだちょっと信じられない。

長年の夢のひとつが、叶ってしまった。

私はものごころついたころから、本を書く人になりたいと思っていた。

平たく言えば「作家になるのが夢」だった。

残念ながら「作家」にはなれなかったが、本を何冊か、出版することが叶った。

文庫になるということは「残ってゆく可能性が多少、ある」ということだと考えている。

もちろん、他の形態で「残る」本もあるが、長い間同じ形で残っていくというのは、マレであろうと思う。たいていは文庫で残っている。

本書にもたくさんの文庫本が出てくるが、その作者の大半は、この世の人ではない。

『変身物語』を書いた詩人オウィディウスは「自分の書いたモノは残る」と豪語して、本当に二千年も生き残った。

もちろん、私にはそんな自信はないが、私の死んだ後、数年でもいいから、残ってくれれば、と願わずにいられない。

よく考えてみれば、自分が死んだ後なのだから、残ろうが残るまいが、なにもわからないのである。ならばどうでもいいはずなのである。しかしどうにも「残るかなあ」とか思ってしまう。ムダに欲が深いのである。

占いの記事は、書いたそばから、どんどん消えていく。

今月の占い、来年の占いが、時間の流れの中で過去のものとなり、意味を成さなくなる。

私はそうした記事を毎日、書き続けている。

指を潰す勢いで書きまくるこの数千文字、この数万字が、来年の今頃には時間のかなたに消えているという現実に、もはや慣れている。

しかし、本書は、それとはちがうのだ。

この、ドロドロした根の深い喜びを、多分ご想像頂ける向きもあるにちがいない。

文学や文章を愛好する人々は、未経験のことどころか、この世に存在しないもののことまで、ありありと想像する力を持っているからだ。

この夢が叶ったのはひとえに、ソフトカバーの本作を手に取って下さった皆様のおかげである。ジャケ買いだったかもしれないが、全然構わない。

これまで読んで下さった皆様に、心からお礼を申し上げたい。

そして今、本書の、この一文を読んで下さっている皆様にも、本当に本当に感謝している。

改めまして、本当にありがとうございました！

本書は二〇二二年九月に小社より刊行されました。

|著者|石井ゆかり　ライター。星占いの記事やエッセイなどを執筆。「12星座シリーズ」（WAVE出版）は120万部を超えるベストセラーに。『愛する人に。』（幻冬舎コミックス）、『夢を読む』（白泉社）等、著書多数。累計発行部数は520万部を超える。

星占《ほしうらな》い的思考《てきしこう》
石井《いしい》ゆかり
© Yukari Ishii 2024

講談社文庫
定価はカバーに
表示してあります

2024年11月15日第1刷発行

KODANSHA

発行者――篠木和久
発行所――株式会社　講談社
東京都文京区音羽2-12-21　〒112-8001
電話　出版（03）5395-3510
　　　販売（03）5395-5817
　　　業務（03）5395-3615
Printed in Japan
デザイン―菊地信義
本文データ制作―講談社デジタル製作
印刷――株式会社KPSプロダクツ
製本――株式会社国宝社
落丁本・乱丁本は購入書店名を明記のうえ、小社業務あてにお送りください。送料は小社負担にてお取替えします。なお、この本の内容についてのお問い合わせは講談社文庫あてにお願いいたします。

本書のコピー、スキャン、デジタル化等の無断複製は著作権法上での例外を除き禁じられています。本書を代行業者等の第三者に依頼してスキャンやデジタル化することはたとえ個人や家庭内の利用でも著作権法違反です。

ISBN978-4-06-537491-7

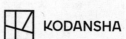

講談社文庫刊行の辞

二十一世紀の到来を目睫に望みながら、われわれはいま、人類史上かつて例を見ない巨大な転換期をむかえようとしている。

世界も、日本も、激動の予兆に対する期待とおののきを内に蔵して、未知の時代に歩み入ろうとしている。このときにあたり、創業の人野間清治の「ナショナル・エデュケイター」への志を現代に甦らせようと意図して、われわれはここに古今の文芸作品はいうまでもなく、ひろく人文・社会・自然の諸科学から東西の名著を網羅する、新しい綜合文庫の発刊を決意した。

激動の転換期はまた断絶の時代である。われわれは戦後二十五年間の出版文化のありかたへの深い反省をこめて、この断絶の時代にあえて人間的な持続を求めようとする。いたずらに浮薄な商業主義のあだ花を追い求めることなく、長期にわたって良書に生命をあたえようとつとめるところにしか、今後の出版文化の真の繁栄はあり得ないと信じるからである。

同時にわれわれはこの綜合文庫の刊行を通じて、人文・社会・自然の諸科学が、結局人間の学にほかならないことを立証しようと願っている。かつて知識とは、「汝自身を知る」ことにつきていた。現代社会の瑣末な情報の氾濫のなかから、力強い知識の源泉を掘り起し、技術文明のただなかに、生きた人間の姿を復活させること。それこそわれわれの切なる希求である。

われわれは権威に盲従せず、俗流に媚びることなく、渾然一体となって日本の「草の根」をかたちづくる若く新しい世代の人々に、心をこめてこの新しい綜合文庫をおくり届けたい。それは知識の泉であるとともに感受性のふるさとであり、もっとも有機的に組織され、社会に開かれた万人のための大学をめざしている。大方の支援と協力を衷心より切望してやまない。

一九七一年七月

野間省一

講談社文庫 最新刊

飯田譲治
協力 梓河人
神様のサイコロ
一度始めたら予測不能、そして脱出不可避。命がけの生配信を生き残るのは、誰だ？

石井ゆかり
星占い的思考
「私」を見つめ直す時、星の言葉を手がかりに。占い×文学、心やわらぐ哲学エッセイ。

木内一裕
バッド・コップ・スクワッド
仲間を救うため法の壁を超える警察官五人の「最悪な一日」を描くクライムサスペンス！

原武史
最終列車
平成《コロナ以前》の思考とは何か。日本近現代史における「鉄道」の意味を問う、愛惜の鉄道文化論。

柏井壽
〈京都四条〉月岡サヨの板前茶屋
客の麟太郎《りんたろう》の一言に衝撃を受けた料理人サヨ。もてなしの真髄を究めた逸品の魅力とは？

西尾維新
悲終伝
英雄VS.地球。最後の対決が始まる――。累計100万部突破、大人気〈伝説シリーズ〉堂々完結！

斎藤千輪
神楽坂つきみ茶屋5〈奄美の殿様料理〉
江戸の料理人の祝い膳は親子の確執に雪解けをもたらせるのか!? グルメ小説大団円！

長嶋有
ルーティーンズ
夫、妻、2歳の娘。あの年。あの日々。コロナ下の日常を描く、かけがえのない家族小説。

講談社文庫 最新刊

今村翔吾
イクサガミ 人
人外の強さを誇る侍たちが、島田《しまだ》宿で一堂に会し——。怒濤《どとう》の第三巻！〈文庫書下ろし〉

堂場瞬一
聖刻
〈警視庁総合支援課0〉
なぜ、柿谷晶《かきやあきら》は捜査一課を離れたのか——刑事の決断を描く「総合支援課」誕生の物語！

青柳碧人
浜村渚の計算ノート 11さつめ
〈エッシャーランドでだまし絵を〉
エッシャーのだまし絵が現実に!? 落ち続ける滝で、渚と仲間が無限スプラッシュ！ 全4編。

一穂ミチ
うたかたモザイク
甘く刺激的、苦くてしょっぱくて、でも美味しい。人生の味わいを詰めこんだ17の物語。

佐野広実
誰かがこの町で
地域の同調圧力が生んだ悪意と悲劇の連鎖！江戸川乱歩賞作家が放つ緊迫のサスペンス。

真梨幸子
さっちゃんは、なぜ死んだのか?
私のなにがいけなかったんだろう? ホームレス女性撲殺事件を契機に私の転落も加速する。

高田崇史
陽昇る国、伊勢
〈古事記異聞〉
御神《おみ》籤《くじ》注連《しめ》縄《なわ》など伊勢神宮にない五つのもの。伊勢の神の正体とは!? 伊勢編開幕。

講談社文芸文庫

高橋源一郎
ゴヂラ
解説=清水良典　年譜=若杉美智子、編集部

なぜか石神井公園で同時多発的に異変が起きる。ここにいる「おれ」たちは奇妙なものに振り回される。そして、ついに世界の秘密を知っていることに気づくのだ！

たN6
978-4-06-537554-9

古井由吉
小説家の帰還　古井由吉対談集
解説=鵜飼哲夫　年譜=著者、編集部

長篇『楽天記』刊行と踵を接するように行われた、文芸評論家、詩人、解剖学者、小説家を相手に時に軽やかで時に重厚、多面的な語りが繰り広げられる対話六篇。

ふA16
978-4-06-537248-7

芥川龍之介 藪の中
有吉佐和子 新装版 和宮様御留
阿刀田 高 ナポレオン狂
阿刀田 高 新装版 ブラック・ジョーク大全
安房直子 春の窓〈安房直子ファンタジー〉
相沢忠洋 「岩宿」の発見〈幻の旧石器を求めて〉
赤川次郎 偶像崇拝殺人事件
赤川次郎 人間消失殺人事件
赤川次郎 三姉妹探偵団
赤川次郎 三姉妹探偵団2〈キャンパス篇〉
赤川次郎 三姉妹探偵団3〈珠美・初恋篇〉
赤川次郎 三姉妹探偵団4〈怪奇篇〉
赤川次郎 三姉妹探偵団5〈復讐篇〉
赤川次郎 三姉妹探偵団6〈危機一髪篇〉
赤川次郎 三姉妹探偵団7〈駆け落ち篇〉
赤川次郎 三姉妹探偵団8〈人質篇〉
赤川次郎 三姉妹探偵団9〈青ひげ篇〉
赤川次郎 三姉妹探偵団10〈父恋し篇〉
赤川次郎 死が小径をやってくる〈三姉妹探偵団11〉

赤川次郎 死神のお気に入り〈三姉妹探偵団12〉
赤川次郎 次女と野獣〈三姉妹探偵団13〉
赤川次郎 心地よい悪夢〈三姉妹探偵団14〉
赤川次郎 ふるえて眠れ、三姉妹〈三姉妹探偵団15〉
赤川次郎 三姉妹、呪いの道行〈三姉妹探偵団16〉
赤川次郎 三姉妹、初めてのおつかい〈三姉妹探偵団17〉
赤川次郎 恋の花咲く三姉妹〈三姉妹探偵団18〉
赤川次郎 月もおぼろに三姉妹〈三姉妹探偵団19〉
赤川次郎 三姉妹、ふしぎな旅日記〈三姉妹探偵団20〉
赤川次郎 三姉妹、清く貧しく美しく〈三姉妹探偵団21〉
赤川次郎 三姉妹と忘れじの面影〈三姉妹探偵団22〉
赤川次郎 三姉妹、舞踏会への招待〈三姉妹探偵団23〉
赤川次郎 三人姉妹殺人事件〈三姉妹探偵団24〉
赤川次郎 三姉妹、さびしい入江の歌〈三姉妹探偵団25〉
赤川次郎 三姉妹、恋と罪の峡谷〈三姉妹探偵団26〉
赤川次郎 静かな町の夕暮に
赤川次郎 キネマの天使〈レンズの奥の殺人者〉
赤川次郎 キネマの天使〈メロドラマの日〉
新井素子 グリーン・レクイエム〈新装版〉

安能務 訳 封神演義 全三冊
安西水丸 東京美女散歩
綾辻行人 殺人方程式〈切断された死体の問題〉
綾辻行人 鳴風荘事件 殺人方程式II
綾辻行人 十角館の殺人〈新装改訂版〉
綾辻行人 水車館の殺人〈新装改訂版〉
綾辻行人 迷路館の殺人〈新装改訂版〉
綾辻行人 人形館の殺人〈新装改訂版〉
綾辻行人 時計館の殺人〈新装改訂版〉
綾辻行人 黒猫館の殺人〈新装改訂版〉
綾辻行人 暗黒館の殺人 全四冊
綾辻行人 びっくり館の殺人
綾辻行人 奇面館の殺人(上)(下)
綾辻行人 どんどん橋、落ちた〈新装改訂版〉
綾辻行人 緋色の囁き〈新装改訂版〉
綾辻行人 暗闇の囁き〈新装改訂版〉
綾辻行人 黄昏の囁き〈新装改訂版〉
綾辻行人 人間じゃない〈完全版〉
綾辻行人ほか 7人の名探偵

講談社文庫　目録

講談社文庫　目録

青木祐子　コーチ！〈はげまし屋・立花ことりのクライアントファイル〉
秋保《あきう》水菓《すいか》　コンビニなしでは生きられない
相沢沙呼　medium《メディウム》　霊媒探偵城塚翡翠《じょうづかひすい》
相沢沙呼　invert《インヴァート》　城塚翡翠倒叙集
新井見枝香　本屋の新井
碧野　圭　凛として弓を引く
碧野　圭　凛として弓を引く〈青雲篇〉
碧野　圭　凛として弓を引く〈初陣篇〉
赤松利市　東京棄民
赤松利市　風致の島
五木寛之　ソフィアの秋
五木寛之　狼のブルース
五木寛之　海峡物語
五木寛之　風花のひと
五木寛之　鳥の歌(上)(下)
五木寛之　燃える秋
五木寛之　真夜中の望遠鏡〈流されゆく日々'78〉
五木寛之　ナホトカ青春航路〈流されゆく日々'79〉
五木寛之　旅の幻燈

五木寛之　他力
五木寛之　こころの天気図
五木寛之　新装版　恋歌
五木寛之　百寺巡礼　第一巻　奈良
五木寛之　百寺巡礼　第二巻　北陸
五木寛之　百寺巡礼　第三巻　京都Ⅰ
五木寛之　百寺巡礼　第四巻　滋賀・東海
五木寛之　百寺巡礼　第五巻　関東・信州
五木寛之　百寺巡礼　第六巻　関西
五木寛之　百寺巡礼　第七巻　東北
五木寛之　百寺巡礼　第八巻　山陰・山陽
五木寛之　百寺巡礼　第九巻　京都Ⅱ
五木寛之　百寺巡礼　第十巻　四国・九州
五木寛之　海外版　百寺巡礼　インド1
五木寛之　海外版　百寺巡礼　インド2
五木寛之　海外版　百寺巡礼　朝鮮半島
五木寛之　海外版　百寺巡礼　中国
五木寛之　海外版　百寺巡礼　ブータン
五木寛之　海外版　百寺巡礼　日本・アメリカ

五木寛之　青春の門　第七部　挑戦篇
五木寛之　青春の門　第八部　風雲篇
五木寛之　青春の門　第九部　漂流篇
五木寛之　親鸞　青春篇(上)(下)
五木寛之　親鸞　激動篇(上)(下)
五木寛之　親鸞　完結篇(上)(下)
五木寛之　五木寛之の金沢さんぽ
五木寛之　海を見ていたジョニー　新装版
井上ひさし　モッキンポット師の後始末
井上ひさし　ナ　イ　ン
井上ひさし　四千万歩の男　全五冊
井上ひさし　四千万歩の男　忠敬の生き方
井上ひさし　司馬遼太郎　新装版　国家・宗教・日本人
池波正太郎　私の歳月
池波正太郎　よい匂いのする一夜
池波正太郎　梅安料理ごよみ
池波正太郎　わが家の夕めし
池波正太郎　新装版　緑のオリンピア
池波正太郎　新装版　殺しの四人〈仕掛人　藤枝梅安㈠〉

講談社文庫　目録

池井戸　潤　果つる底なき
池井戸　潤　架空通貨
池井戸　潤　銀行狐
池井戸　潤　仇敵
池井戸　潤　空飛ぶタイヤ(上)(下)
池井戸　潤　鉄の骨
池井戸　潤　新装版 銀行総務特命
池井戸　潤　新装版 不祥事
池井戸　潤　ルーズヴェルト・ゲーム
池井戸　潤　半沢直樹1〈オレたちバブル入行組〉
池井戸　潤　半沢直樹2〈オレたち花のバブル組〉
池井戸　潤　半沢直樹3〈ロスジェネの逆襲〉
池井戸　潤　半沢直樹4〈銀翼のイカロス〉
池井戸　潤　半沢直樹 アルルカンと道化師
池井戸　潤　花咲舞が黙ってない〈新装増補版〉
池井戸　潤　ノーサイド・ゲーム
池井戸　潤　新装版 BT'63(上)(下)
石田衣良　LAST[ラスト]
石田衣良　東京DOLL

石田衣良　てのひらの迷路
石田衣良　40《フォーティ》 翼ふたたび
石田衣良　sex
石田衣良　逆《さか》島《しま》断《たつ》雄《お》〈進駐官養成高校の決闘編1〉
石田衣良　逆島断雄〈進駐官養成高校の決闘編2〉
石田衣良　逆島断雄〈本土最終防衛決戦編1〉
石田衣良　逆島断雄〈本土最終防衛決戦編2〉
石田衣良　初めて彼を買った日
井上荒野　ひどい感じ―父・井上光晴
稲葉　稔　椋鳥の影〈八丁堀手控え帖〉
いしいしんじ　プラネタリウムのふたご
いしいしんじ　げんじものがたり
池永　陽　いちまい酒場
伊坂幸太郎　チルドレン
伊坂幸太郎　サブマリン
伊坂幸太郎　魔王〈新装版〉
伊坂幸太郎　モダンタイムス(上)(下)〈新装版〉
伊坂幸太郎　PK〈新装版〉
絲山秋子　袋小路の男

絲山秋子　御社のチャラ男
石黒　耀　死都日本
石黒　耀　忠臣蔵異聞〈家老 大野九郎兵衛の長い仇討ち〉
犬飼六岐　筋違い半介
犬飼六岐　吉岡清三郎貸腕帳
石川大我　ボクの彼氏はどこにいる?
石松宏章　マジでガチなボランティア
伊東　潤　国を蹴った男
伊東　潤　峠越え
伊東　潤　黎明に起《た》つ
伊東　潤　池田屋乱刃
石飛幸三　「平穏死」のすすめ〈口から食べられなくなったらどうしますか〉
伊藤理佐　女のはしょり道
伊藤理佐　また! 女のはしょり道
伊藤理佐　みたび! 女のはしょり道
石黒正数　外《げ》天《てん》楼《ろう》
伊与原　新　ルカの方舟《はこぶね》
伊与原　新　コンタミ 科学汚染
稲葉圭昭《よしあき》　恥さらし〈北海道警 悪徳刑事の告白〉

2024年9月13日現在